暮らす働く、
もっと明るいほうへ。

Brightening your life

気持ちを
切り替える
ヒント39

OURHOME
Emi

大和書房

00

Brightening
your life

はじめに――変化を楽しむ。その原点は、20歳の旅

人生100年時代、学歴や会社名、肩書き、大事なことかもしれないけれど、こんなに変化の大きな時代に、それらはどれだけ役に立つものなのか……。夫と時々そんな話をします。

わたしの小さいころを思い出すと、安定思考、いつも同じ味、知っているところが好き、新しいことよりとにかく安心安定。そんな子どもだったんです。今のわたしを知る人からすれば、嘘でしょ⁉　と思われるほどに。

6年生のころ通い始めた塾が自宅から少し距離のあるところにあり、バスに乗っていくことに。はじめてひとりで行く日、手に汗かきながら、このバスが本当に合っているか不安で心配で、運転手さんに何度も確認したことを今でもはっきりと覚えています。

中学、高校と出会う友人によって世界は広がっていったものの、それでもまだ安定思考。そんなわたしが20歳のときはじめて行った海外タイで、人生が開けた、感覚が大きく変わった、そんな出来事がありました。

一緒に行ったのは高校時代の親友。彼女はすでに何度か海外旅行に行っていて、荷物だけ持って宿を決めずに旅をするバックパッカー慣れをしていました。わたしは心配性でとにかく荷物をすられないか、忘れ物はないかとチェックチェック。心配だったけれど彼女と一緒なら！　と出かけた初海外。

飛行機のなかで同じ年くらいの女の子たちと仲良くなり（人にはすぐ話しかける）、同じ宿に泊まることに。初日は鍵のついてない部屋で水シャワー（今考えると恐ろしい。苦笑)。

わたしはほぼ一睡もできず、となりでグースカピースカ寝ている親友を見て、うらやましい……と思ったものです。

そんなはじまりから数日経てば、荷物はないならないでなんとかなるし、洗濯が乾いてなかったら最悪ノーパンでも生きていけるし(どんなん笑)、トラブルだって対応する力もついてきて。その旅の後半で、タイ北部、チェンマイという町に行くことになりました。

20年前はスマホはもちろんないし、『地球の歩き方』というガイドマップを頼りに進むだけ。地元の人と交渉してチェンマイまで小さな車で行くことになりました。

到着してみると、なんと大洪水が起こった数日後、腰までつかる泥水。そのなかをみんな笑顔で歩いています。すこし水がひいた場所では、その泥の上にテーブルと椅子を置いて笑顔で食事。わたしたちにとびっきりの笑顔を向けて。子どもたちは泥のなかで楽しそうに泳いでいる。衝撃でした。もし日本だったら「そんな汚いところで泳ぐのやめなさい！」と声をかけられるだろうし、大洪水のあとはみんな悲愴《ひそう》な顔をしているのではないかなと。こんなにピンチなのに、みんなこんなに楽しそう。

わたしのなかの常識とか、大事にしていることとかが、なんだかちっぽけに感じたんです。

目の前のトラブルを変えることはできないけれど、自分の気持ちひとつで対応して、いかようにでも楽しむことはできる。この旅は、スケジュールも宿もまったく決めずにスタートして、ハプニングもたくさんあったけれど、たくさんのすてきな人に出会えて、良い経験をたくさんしました。ガチガチに決めてそれどおりに進んでいたら出会えなかったたくさんのこと。

わたしの人生を振り返っても、やっぱりこの旅は大きな意味があったな～と。

そこから20年、もとの心配性な気質がありつつも、変わりゆく時代に合わせて自分なりに変化を楽しんできたつもりです。

双子を出産し、会社員として仕事に復帰してバランスが取れなくなり悩んだこともあったけれど、30歳で働き方を変えてフリーランスとなりました。

ひとりで「ＯＵＲＨＯＭＥ」という、片づけや暮らしの発信と、商品企画をはじめたのが２０１２年。自宅の片隅で小さく進み始めましたが、今では夫婦でオンラインショップを経営し、スタッフは26名に。

コロナがやってきた数年前、会社の組織や働き方、サービスの仕組みの見直しも必要だったけれど、それによって出会えた人や場所がありました。気づけば独立して10年の月日が流れていました。

大人になりいろんな方に出会う中で、「変わることの不安」「ずっと同じままでいたい」「ちょっとしたことが不安要素になって落ち込んだり進みづらかったりする」という方がいらっしゃいます。わたしも昔そうだったから、気持ちがよくわかる部分もあります。

でもね、長い人生、良い変化も悪い変化も起こるのは当然。人生ずっとうまくいく、なんてないからこそ、もうその変化を楽しんだもん勝ち！

やってみてダメだったら戻ったらいいし、もう戻る場所がなかったらまた進めばいい。

40歳を過ぎた今、わたしはこれから先の人生がものすごく楽しみ。老いることとさえも楽しみなんです。経験を積んでまたそれがひっくり返るほどのこともきっとあるはず。積んできた経験がちっぽけだなと感じる日もあるかもしれません。

でもまた新たな人や経験と出会うなかで、新しい道が開けるのだとしたら、大変なことも、さあこ〜〜〜い！　そんな気持ちでいます。

２０１３年の初著書から19冊目となる本書は、暮らしと仕事のエッセイです。昨年はじめた音声メディア「暮らす働く〝ちょうどいい〟ラジオ」でお話ししたことをベースに、手直しや加筆をし、書き上げました。毎朝２時間！　と決めて机に向かう日々は大変でしたが、自分と向きあうとても良い時間でした。そして今回は写真も自分で撮るというはじめての試みとなります。この本を手にして下さった方の暮らしやこころに、明るくじ〜んわりと広がることができたらうれしく思います。

MY NOTE

01

Brightening your life

何を飲み、どのペンを使うか、ココロの真ん中、日々の選択の積み重ね

「Emiさんは生活のどのタイミングで〝ココロの真ん中〟に向き合っていますか？」という質問をいただいて、ハッとしました。そうか、〝ココロの真ん中〟に向き合うというのは一般的には、「時間をかけてゆっくり考える」「ひとりでじっくり向き合うこと」と捉えていらっしゃるのかも？　なかなかその時間がとれないからこういったご質問をいただいたのかもしれない、と。

実はわたしは、暮らしの中で、〝都度都度《つどつど》〟ココロの真ん中に向き合っている、という感じなんです。

たとえばある日は、仕事の休憩時間に冷蔵庫を開けて、何を飲もうか考える。その瞬間にまさに〝ココロの真ん中〟と向き合います。適当なものを飲む、まあこれでいっかと飲む、のではなくて「本当に」飲みたいもの、この日はいただきものでとっておいた100パーセントのりんごジュース。たとえば毎日使うペンは、書きづらいけどまあこれでいっか、ではなくて、書き味も最高で色みも自分好みのペンを使う。ちなみにわたしは1本100円のPILOTのVコーン。

暮らし、仕事、趣味、どのタイミングにおいても、「本当に」それをしたいかそれを使いたいか、を都度、自分に尋ねるイメージです。

先日、中学生の娘とイタリアンのお店にランチに行きました。お昼のお得なランチは980円でトマトかオイルソースのパスタを選べて、それにパンとサラダとドリンクがセットです。とってもお得！　でも娘は、ほかのメニューのページをそっと見て、「カルボナーラ」を食べたそうにしています。パンもサラダもドリンクもついていない単品のそれは、1200円。

「自分が本当にめっちゃくちゃ食べたい！　ってものを選んだほうが絶対いいよ！」

結局娘は、単品のカルボナーラを食べることに。カリカリのベーコンも、程よく絡《から》むクリームソースもそれはそれは最高の美味しさだったそうです。

そんな日々のちょっとした選択が、大人になっても生きるはず。わがままになりすぎるのはいけないけれど、人目を気にしすぎたり、本当の自分の気持ちを隠して生きるのはとてもしんどいことだから。

今日どの靴をはいていくか、今日どのハンカチを持っていくかも同じ。もし今手持ちの10枚のどのハンカチも、それほど好きじゃないものだったとしたら、とびきり好きな2枚を買って毎日交互に大切に扱って長く使う。そっちのほうがとてもとても大事なことのような気がします。

小さい違和感を見逃さないようにして選択することを日々練習というか訓練する、と言うとちょっと大げさかもしれませんが、そんなふうに思っています。

小さな判断をおろそかにしていると、大きな判断をする時になかなかうまくパチッとはできないはず。1個1個の日々の選択の積み重ねで、自分の満足感が得られるし、ちゃんと自分で選択して能動的に生きているなというのを感じることができるんじゃないかなと。

とは言え、わたしも、まだまだ100パーセントそんなところまで行けていないし、不完全なところもあってバランスがとれることもある。でも、できれば、ココロの真ん中に向き合って、これがいい！　と思える選択を積み重ねていきたいなと思っています。

02

Brightening your life

家庭と仕事、そして「もう1つの場所」を持つということ

3つ目の場所、いわゆる「サードプレイス」を持ちたいなと思い始めたのは、40歳を迎える少し前のことでした。

安心できて自分らしくいられる「家庭」、経営者として責任もやりがいもある「仕事」。がむしゃらに走ってきた30代の終わりに、その2つとも満足しているのにもかかわらず、なんだかもうちょっと別の自分が欲しくなってきた、そんな気持ちになっていました。

ある年のはじめのこと、久しぶりに高校の部活の先輩から届いた年賀状にLINEのI

Dが書いてあり、ピン！　ときてすぐ連絡。その数日後には飲みに行くことに。20年前のあのころに一瞬で戻れる！　お互いの生活スタイルも仕事もまったく違うけれど、ウマがあう。そんな先輩との再会が、わたしの「3つ目の場所」につながっていくことになります。

高校生のころ、その先輩と無我夢中でやっていたダンス部の活動。自分の限界の向こう側！　を教えてくれたのもダンス。体はもっともっと遠くに伸ばせるし、動きだってここまでで終わりというのはない、もっともっと表現できる。音楽がかかれば一瞬でみんなが揃う。何より心の底から楽しい！　そのときに指導してくださっていたダンスレッスンの先生が、今もまだ続けておられると聞き、一緒に体験レッスンに行ってみたのでした。

十数年ぶりに再開したダンス。翌日は案《あん》の定《じょう》筋肉痛！　それでも、この、母でも妻でもない、そして経営者でもない、シンプルな「わたし」に戻れた瞬間が、求めていたのはこれだった〜〜〜〜！！！　という感覚でした。

先生が組み立ててくれるダンスの振り付けを教えてもらい、それを必死に覚えて踊るのですが、誰かに何かを教えてもらう、というのが久しぶり！　この10年、お客様に受講生に、「伝える、教える」という立場にずっといたわたしは、まさに「教えてもらう」を求めていたんだ！　ということにも気づきました。

そこから月に3回ほどレッスンに通いはじめて、2年と少しが経ちました。

90分のレッスンは、まずはじめにストレッチから。体を柔らかくして、そのあとは腹筋、背筋、足上げ、体幹を鍛える、と筋トレが続きます……。ほぼ毎週やっていると、そのときの自分の体調や気持ちによって、無心で集中して取り組める日と、そうでない日があることもわかってきました。トレーニング中に、ふと仕事の気になることが頭をかすめる日は、体も硬いし、ダンスもいまいち。

一方で、全神経を集中させて取り組める日は、いろんなことがうまくいった週です。自分を定点観測するうえでも、この3つ目の場所がわたしにとってはとても大切になってきています。

思えば同級生である夫もまた、自然と「3つ目の場所」を見つけていました。父親の顔を持つ家庭、代表としてみんなを支える経営者の顔、もう1つが、「サッカー指導者」としての役割。お互いに自然の成り行きで、バランスよくその3つ目の場所を40歳で持てたことはとてもしあわせなことなのかもしれません。

03

Brightening
your life

暮らしに欠かせない、2つのチカラ

「Emiさんの暮らしの必需品ってなんですか？」

そう聞いていただいて、とっさに何も頭に浮かびませんでした。こだわりをもってモノづくりをしてきているし、20代のころからずっと大切にしている家具や雑貨もある。でも、「必需品か」と言われるとピンとはきません。

横にいた夫に、「なあなあ、うちの暮らしの必需品って何やと思う？」と聞くと、「……それは、オレちゃうか⁉」と言います（笑）。うん、あながち間違ってない。

その言葉をきっかけに、モノじゃなくて「考え方」のほうを大事にしているんだと気づきました。

とくに意識しているのが、何か新しいものを買う前にしている2つのこと。1つ目は、「そもそも、それいる？　と疑うこと」。

テレビやSNSでたくさんのアイテム紹介や、売れ筋ランキングを見ると、興味も湧くし、いいな〜と欲しくなったりしますよね。そのこと自体は否定しませんが、一呼吸置いて、そこから情報を汲《く》み取る力、わたしの生活にそもそも必要かな？　と疑う力が必要なんじゃないかなと思います。みんながいいと思っているものが決して自分にいいわけじゃないし、自分自身がいいと思っていても、家族にはちょうど良くないかもしれない。そもそもうちの家に必要かな？　と疑う力がどんな時でも必要。

先日、中学にあがった双子の子ども部屋をそれぞれつくったことがきっかけで、夫婦の寝室がリビングに隣接した場所に移動することに。部屋というよりガラスで仕切られたフリースペース。「光を遮《さえぎ》るためにもカーテンが当たり前に必須よね！」とネットでいろいろと検索、ロールスクリーンがいいか、はたまたリネン素材の素敵なカーテンも魅力的。でも調べてみるとカーテンはとても値が張るし、設置もなかなか大変そう。

……ふと、「カーテンって、そもそもいる？」

思えば、猫がいるわが家ではカーテンも毛まみれになりそう、ロールスクリーンは上げ下ろしが毎日大変では？　光を遮るためにカーテンは絶対いる！　と思っていたけれど、必要なときにアイマスクすればそれでＯＫナノデハ!?　と気づいたんです。つまり、そもそもカーテン不要説！

10万円ほどする予定だったカーテンが、たった2千円のちょっと良いアイマスクで解決した、というお話。今は夫婦それぞれ、マイアイマスクが大活躍（かなり不思議な光景……）。

暮らしに欠かせないチカラ、もう1つが「もしかしたらこうできるんじゃない？　と工夫する力」。
世の中には、○○専用のもの、が溢れています。そのほうが人の目に留まりやすいし、便利そう！　と響くし売りやすくなります。

でも新しいものが欲しくなった時、それから、何かが壊れたりなくなったり、困った時、わたしがよくやるのが、「代用」というキーワードを入れて検索することなんです。

- 困った！　コーヒーフィルターがない！

↓「コーヒーフィルター　代用」検索で、キッチンペーパーを折りたたんで使えることを知る。

- テレビで見た包丁研《と》ぎ欲しい！

↓まずは「包丁研ぎ　代用」検索で、アルミホイルでも磨けることを知る。

もちろん使用頻度が高いとか、試してみたけれど専用のものが必要！　となれば購入の道へ。でも、年に1回だけしか使わないものは代用品で十分なのかも。

先日友達家族とコテージキャンプに行ったとき、荷物の準備が甘く（いやあえて、とも言う？）ご飯を炊いてもしゃもじがない、ヨーグルト食べようにもスプーンがない（笑）。でもここで、中学生の子どもたちと、代用検索をしてみたんです。しゃもじの代わりに、筒型ポテトチップスの入れ物をハサミでカットして代用、ヨーグルトスプーンの代わりに、蓋《ふた》をくるっとまるめて代用！

不便なはずなのに子どもたちの目はキラキラ！　ないならないで、なんとかなる！　嘆くんじゃなくて工夫する力があったら、暮らしを楽しめるよ、と伝えることができたかな!?

04

Brightening your life

「〜しておいたほうがいいかな」を、あえてやらない選択

「専業主婦から再就職するときに、しておいたほうがいいことはなんですか?」と聞いていただきました。ずばりそれは……「〜〜しておいたほうがいい」と思うことは、あえてやらない、ということです。いただいた質問に限らず、大げさかもしれないけれど、わたしが人生で大事にしていること、かもしれません。

この資格、とっておいたほうが将来有利かな。
こういうふうに振る舞うほうが、印象がいいよね。

こうしておいたほうが、お母さんとして良いことかな……。

わたしもそういう気持ちが人生のなかでまったくなかったわけではなく、それこそ会社員時代は、この資格（たしか貿易関係）持っておいたほうが便利かな、行きたくないけどこの集まりは行っておいたほうがいいかな、そういった時期ももちろんありました。でも今思うのは、そういう気持ちで参加したものは、今の自分にはほぼ身になっていないということ（苦笑）。それよりも、「やってみたいから勉強する！」「参加してみたいから行く！」といったものがその後の自分の力になっています。

当時の仕事につなげたい！　と取得した整理収納アドバイザーの資格は、その後、書籍の出版につながり、やったことないけど書いてみたい！　と書きはじめたブログは独立のきっかけになりました。

でも、スタート当初は、そんな先のことを考えてはじめたわけではなく、「やりたいからやる！」というたった1つのシンプルなこと。

これは勉強だけじゃなくて、たとえば本当は参加したくないランチ会だけど、参加しておいたほうがいいよね、とか、みんながこう言ってるから、こうしておいたほうがいいかなということにもあてはまります。

こうしておいたほうがいいかな、という選択よりも、こうしたいからする、の積み重ねのほうがすごく大事なんじゃないかなと。日常の１つ１つの選択の中でも、これ食べておいたほうが健康にいいかな？　より、これを食べたいから食べるとか、本当に食べたいかどうかを自分に聞くことを、わたしはすごく大事にしています。

そのうえで、「専業主婦からの再就職」というご質問に話を戻し、自分自身がやってきてよかったなと思うことをお伝えすると……。仕事においても、そして生きていくうえでも、自分の強みを知っておくこと、というのがすごく大事だと思っています。就職活動なども、自分の強みを知っておくと、一歩踏み出すのが早いと感じます。

たとえば、いろんな採用情報をパッと目にした時に、あ、どうしよう、受けたいな、でも……という迷いが、自分の強みを知っておくことで、すぐに、行ける！　行ってみたい！　と思えるはず。

わたし自身が21歳で就職活動するとき、そして、今までの人生の中で折に触れて続けている自分の見つけかた、があります。それは、自分の「can／must／want」を整理して俯《ふ》瞰《かん》で自分を見ること。つまり、自分ができること、自分の強み、英語で言うところの「can」　自分が家族や社会から求められていること「must」　そして、自分がやりたいこと「want」　この3つがうまく混ざり合い、できるだけ重なる部分に自分が存在するとすごく生きやすいと感じています。

とはいえ、人は成長していくし、変わってもいく。だからこそ、ちょっとずれてきたなと感じたら、また整理して俯瞰していく、それを繰り返しています。

今、いろいろ悩まれている方も、自分の強みをまず知る。そして、「can／must／want」とこの3つが混ざり合うところに行く、それで生きやすくなることも多いんじゃないかな。

そしてそれは決して仕事だけではなくて、たとえば、専業主婦を続けることもまた、自分の強みだったり、家族から求められていることだったり、やりたいこと！　という方もおられると思います。また、わたしのように、何かを考え伝えるのが得意、お客様や取引先様から求めていただいている（むしろ家族からはお母さんは家にいるのは無理なタイプだから外に出てほしいと求められています笑）、しかもそれがやりたいこと！　のようなタイプの人間もいます。

どちらがいいとか、専業主婦か外で働くか、の二択《にたく》ではなくて、自分らしく生きられるにはどうしたらいいかな、とその3つの英単語を考えていくのがベストなのかなと。さらに、いつでもゆるやかに形を変えることもまた楽しむ。そんな気持ちでいると、心地よくいられるかもしれません。

05

Brightening your life

記録するだけで、カラダとココロと、そして人生が変わった！

「Emi さ～ん、写真チェックお願いしま～す」

その日は17冊目となる著書の撮影でした。カメラのチェックをと言われて画面にうつっていたのは……、

顔がま～んまるでぽっちゃぽちゃ、背中と肩にどっぷりお肉がのった後ろ姿……。

「え!?　これ、誰!?」

思わず目をそらしたくなったのですが、いや、まぎれもなくわたしです、わたしEmiです……。年齢的にも痩《や》せにくくなる年頃だし、コロナ禍でなかなか外出もできないし、スナック菓子は大好きだし、ビールもやめられない。言い訳ばかりして開き直っていた、39歳のわたしがそこにはいました。だいたいのことは気持ちの切り替えが早いわたしも、「まんまるなわたし」を受け入れざるをえない状況にガクッと落ちこみ……。

ちょうどその週末、中学からの長いつきあいである親友とLINE。彼女とは結婚も出産も同じ年、さらに身長も体重もほぼずっと同じ曲線をたどるという、もはやソウルメイト。関東と関西、距離が離れたところに住んでいるにもかかわらず、年に数回会えばだいたい同じような服を着て、太ったり痩せたりも同じ。本当に不思議な関係です。

「あのさ、わたし、あまりにもぽっちゃりした自分を写真で見て、落ち込んでる……」とLINEすれば、親友も「過去最高体重、まさに同じ」と返してきます。「じゃあさ、今日からふたりでダイエットしよう！」。
善は急げ、その日からはじめたのはこんなこと。

・ダイエットではなく、「スリムプロジェクト」と名付ける
・毎日体重計に乗って、お互いにＬＩＮＥする
・ＬＩＮＥは既読スルーＯＫ

そこからは毎日、お風呂に入る前、素《す》っ裸《ぱだか》になって（ちょっとでも軽くしたい！）体重計に乗る、親友にＬＩＮＥする、を続けました。お酒はすこし控えめにしたものの、過度な食事制限も、毎日の運動も、これと言ってせず、ただただ体重を送り合う。すると約１ヶ月で３キロほどガクッと落ちたんです。しかもふたりとも……！　誰に話しても信じられない、と言われるのですが、これが本当の話。

そこから、停滞期はあったものの、結局数ヶ月でお互いにマイナス７kg。高校生くらいの体重に戻りました（年齢はもちろんそのまま、笑）。

理由があるとすれば、毎日体重を計ることで、自分の意識が変わったのかもしれません。以前は、体重計に乗るのは、痩せてそうなときだけ、明らかに増えていそうな日は乗らない、という謎の「都合のいいとき乗り」をしていたんですね。

でも毎日まいにち乗ることで、あ、これを食べたらぐっとくるんだな、たくさん歩いたら健康的に減るのだな、というのがわかるようになってきました。自分の数字に向き合うというより自分の生活習慣に向き合うことができるきっかけをくれたのが、この体重計だったんです。

わたしは体重計を洗面所に置いていますが、たとえばキッチンに、たとえば寝室に、どこでも自分のかならず行く場所、に置いておくだけで乗る習慣ができるかもしれません。

それからもう1つ、スリムプロジェクトをはじめてから、自分の口に入れるものは「とびきり美味しくてとびきり好きなものだけにしたい」という気持ちに。つまり、「なんとなく食べない」ということ。
それまでの生活では、子どもが残したものをなんとなく、お菓子も一袋全部食べるのがなんとなくのルール、朝ごはんだって食べたくない時もなんとなくパンを食べる、そんなふうに「なんとなく」選んでいたことに気づきました。過度な制限やルールはなにもないけれど、食べたいものをココロの真ん中に聞く。シンプルにそれだけ、です。

途中から、手帳に、測った体重と、昼と夜に食べたものを書くようにもなりました。お弁当を持って行けた日は黄色い蛍光ペンでなぞる。そうすると一目瞭然！　健康的な食事が続くと体重はキープできるけれど、外食が続くと一気に増量。胃が重たい、頭痛、なども簡単に書いておくと、食べたものや体調との相関関係もわかってきました。ポイントは、ときどき書き忘れてもＯＫとすること。ざっくり把握できれば十分！

ただ痩せていることが正義、ではなく、自分と向き合って健康的に生活すること、が正しいこと。適正体重はそれぞれだし、数字で測れるものばかりではないけれど、とにかく、自分のいや〜な部分、見たくない部分に蓋をせずにちょっと向き合うだけで、こんなに気持ちは晴れるんだと気づきました。

さあ、スリムプロジェクトをはじめて約2年。カラダもココロも軽くなって、続けることができた自分に、ちょびっとだけ自信も湧いてきました。このまま健康的に、ごきげんな40代を過ごしたいものです。

06

Brightening your life

「どうしてこんなことができないの!?」と思ったときは、こう想像する、の話

先日、わたしが主宰するOURHOMEと同じ西宮市にある、「コンセントマーケット」というパン屋さんの岩井さんご夫婦と会う機会がありました。40人ぐらいスタッフがいらして、いつも行列でなかなかパンが買えない人気のお店なんです。そのときちょうど「部下にどうしてこんなことができないのって思ったとき、こんなふうにしている」というお話をしてくださいました。

岩井さんは30年ぐらいパンを作られているベテランの職人さん。ご自分がそうされてき

たように、弟子には背中を見せて学ばせる！　といった育て方をずっとしてきたそう。でも50歳になり、1年、2年と新しく入ってきた社員さんへの教え方や伝え方を少しずつ変えていかないとだめなんじゃないかと気づきはじめたと。

以前は若いスタッフに「どうしてこんなことがわからないんや⁇」というふうに責めていたけれど、今は、「自分にとっては利《き》き手の右手でパンを作っているような、ほんと当たり前にできるようなことが、もしかしたら、その子にとっては利き手じゃないほうの手、つまり左手でなんとかパンを作っているようなイメージなんじゃないかな、と思うように。そう考えたら、気持ちがすごく楽になった」というようなことをお話しされていました。

自分自身が楽に簡単にできることをほかの人が上手にできていないとき、イライラするのではなくて、それは自分にとっては利き手でやっているようなことだけど、相手にとっては利き手じゃないほうの手でやっているのでは？　と想像してみる。

たとえばわたしはインスタやブログの文章を書いたり、人前で話したりするということを、もう十何年ずっとやってきて、ほんとに心地良くできるような状態になっています。まさにいつもどおり当たり前っていう感じで、利き手で楽々できる！　というような。

でも、入ってきたばかりのスタッフが文章を書いてくれたものをチェックしていると、「わ、文字のミス、事前に気づいてほしい〜」と思うこともあるんです（人間ですから……）。そういったときに岩井さんに教えてもらった、「自分にとっては右手で簡単にできる文字チェックも、この子にとってはまだまだ慣れてなくて、左手でがんばってチェックしてるんだな〜と。すると、確かに難しいよな、今は練習の最中なんだよな、がんばれ！　と思えると、みんなにとっていいんじゃないかなっていう話なんです。

家族でもそう。夫との家事の価値観の違いについては、本当にたくさん質問をお寄せいただくのですが、まさに、「なんでわからないの！」と思った時に、利き手じゃないほうの手を使っているのかも、と思い出してみてください！（笑）。

自分はいつもやっているから当たり前のようにできるけれど、時々だったらなかなかうまくいかないよなと、優しさを持つ、という感じでしょうか。

わたしは今までで言うと、そういったときの解決策は、「人を責めずに仕組みから変えていく」という考え方で取り組んできました。でも、まずは想像する。自分にとって当たり前のようにできるということも、その新しい子にとってはそうじゃないんだよなっていうことをまず理解、共感してあげることがすごく大事なことなんだなっていうことを、岩井さんから教えてもらいました。

07

Brightening your life

物事の、暗いほうから見るか、明るいほうから見るか

「551《ゴーゴーイチ》の豚まん、行列ができてて買えなかったな〜。試合観戦のときは食べたいって思ってたのに……」。

とある金曜日、仕事を終えて駅の行列を横目にダッシュでサッカー日本代表の試合会場に向かいました。先に会場入りしていた夫の手には、まさかのあの551の豚まんが！ さすが夫！ 長年連れ添うと、こういうときはこういうもの食べたいよね、まで一緒になってきます。

急遽《きゅうきょ》とれた代表戦のチケットは、前から5列目のとても良い席。歌手、平原綾香《ひらはらあやか》さん

の力強い国歌を聞きながら、気持ちは高ぶります。

そのわたしの横に座ったご夫婦の話です。40代くらいのご夫婦で、どうやら男性はすごくサッカーに詳しいようです。試合が始まる前から、解説者なのかな⁉ というほどの情報を話しておられます。そしてキックオフのあとすぐ、「今日の試合は◯◯選手がいないから良い試合だ」と。あれ？ 胸がチクッとするこの感覚……。嫌な予感は的中。その後も誰かが交代で新しく出場すると、「なんであいつを使うのか！」とか、「あいつはああいう試合運びをするからダメだ！」とか、「このパスがいつも決まってない」、と90分の試合中、ず〜〜っと、1つの物事の「暗いほうから見る」というような感じの方だったんですよね。

ほんとに途中で、「少し静かにしてくださいませんか？」と言おうかなと何度も思ったのですが……。その方も試合を楽しみに見ていらっしゃると思うし、空気を壊すのもなと控えて、わたしは試合に集中！ ……と思うものの、なかなか切り替えができず、途中からはテレビの辛口解説者だと思うようにしました（笑）。でも、せっかくだったら、このことから何か得てやろうと！

そのわたしの左隣に座った男性は、サッカーが大好きで、とにかく詳しい。自分なりの考えとしては楽しんでいらっしゃると思うんです。でも、そのことを自分の中にとどめるだけじゃなくて、声に発することで、マイナスの空気が周りに波及してしまっています。実際に近くの席ではチラチラとその方に視線を送る方が何人か……。

わたしは横で聞いていて、とても辛かったです。同じ試合の状況でも、今日はあの選手がいないから調子がいい、ではなくて、今日はこのメンバーが出てるから、すごくいいよねっていうような、一つの物事に対して、暗いほうからではなくて、明るいほうから見ていきたいなと思ったんですよね。

で、わたしの右側にいる夫はというと……。「○○選手、久々に見たけどドリブルがすごいな！」と明るいほうから見ている。あ、わたしはこの人と結婚してよかったなと心の底から思いました。やっぱり、明るいほうから見る人の隣にいたいし、わたしもそうでありたいなと。

たとえば、家族でテレビを見ながらでも、ずっと文句を言いながら見ているよりは、「この俳優さん最近いいよね」とか、同じことでも前はこういう人がやってたから良かったけど、今は良くないっていうような形ではなくて、「この人の演技すごいよね〜！」みたいに、物事の明るいほうから見る家族と一緒に生活をしていきたいなと思いました。

仕事でも、わたしと夫は経営者なので、物事の明るいほうから見るということを普段から心がけて、スタッフにも波及させていきたいな、なんてことを思った夜でした。

08

Brightening your life

サッと読めて、サッと気持ちよく動ける〝丁寧のサンドイッチ〟メールのつくりかた

真面目で丁寧な仕事ぶり。それはとっても大切なことだけれど、ときに「丁寧すぎる」仕事の仕方に出合うことがあります。

いや、自分自身も若いころは割とそのタイプで、時間をかけて丁寧にやることが正しいと思っていた節《ふし》がありました。でも、限られた24時間で、仕事と暮らしを上手に回し、自分もごきげんで、そしてお客様や取引先様と心地よい関係を築いていくうえで、今一番大事にしているのは、「丁寧すぎる仕事」ではなく、「ちょうどよい丁寧さ」。

経営者の立場として、新人スタッフが入ってくれた時、はじめに仕事の仕方をよーく見るようにしています。ＯＵＲＨＯＭＥは30代の中途入社がほとんど。前職での仕事ぶりがどんなものだったかは、なんとなく数日でわかります。みんな真面目で気立てが良く、とてもいい雰囲気なのですが、なかには「丁寧すぎる、時間のかかりすぎる仕事の仕方」のスタッフもいます。

とある日、取引先様の会社へお送りしたメールを見ていると、とても雰囲気良くあたたかいメールなのですが、

- とにかく文章が長い！　スクロールを何度もしないと読めない
- すべてに対して、文章が丁寧すぎる

というスタッフがいました。聞くと、失礼のないように、丁寧に丁寧に、と書いているうちについ長くなってしまった、ということ。ふむふむ。

ちょうど同じタイミングで、読者さんからもこんな質問をいただいていました。

「コロナ禍以降、社内外の方とメールやチャットでやり取りする機会が増えました。言葉でのコミュニケーションは、自分の感情が伝わりやすいですが、文字でのコミュニケーションはそうではなく、この表現では冷たく感じてしまうのではないだろうか、など、言葉選びに悩み、無駄に時間がかかってしまいます。

最近は残業も増えがちで、この言葉選びに悩む時間を減らすことができたら、もっとスムーズに仕事を進められるんじゃないかと思っています。Emiさんが気をつけられていることはありますか？」

そうなんです、文章をつくることに時間がかかってしまい、本当に大切なことを忘れがちになることってありますよね。

わたしが取引先様とのメールで気をつけているのは、

- お相手に時間を使わせすぎず、サッと読める分量

- 読んだあと、何をするかがわかり、サッと動いていただける内容

です。仕事の場合は、とくに、その先にお客様がいてくださいます。早く確実に企画やものづくりを進めるうえで、お相手に、メールを読んだ後、サッと動いていただくのがとにかく大事！　一度読んで、あれ？　これってどういうこと？　前のメールを遡《さかのぼ》らないとわからない、あとでやろう→取り掛かりが遅くなる、につながりますし、そもそも長いメールだと読んでいただくだけでも時間がかかります。

でも、簡潔な文章だけでは、人の心が動かないもの。適度な丁寧さ、ご挨拶はとても大事です。

そのバランスで心がけているのは、〝丁寧のサンドイッチ〟！

はじめと終わりは、丁寧で心をこめた文章で、その真ん中は、聞きたいこと進めたい内容の箇条書き！　冒頭はとくに急に内容をはじめるというよりは、近況やお相手のことを気遣う内容にしています。丁寧と丁寧で挟《はさ》めば、淡々とした箇条書きが真ん中に挟まっていても失礼にはあたらないのでは？　と。

先のスタッフにも〝丁寧のサンドイッチ〟を伝えたら、顔がパッと明るくなりました。

これはメールの文章でなくても同じこと。小さな子どもにも、あれしなさい、これしなさいと、くどくど、ダラダラと伝えると、何を言われているのかがわかりづらくなります。

とにかくポイントを絞って2つ！　歯磨き、着替え、よーいスタート！　それを、子どもの場合は、〝面白のサンドイッチ〟で伝えるとうまくいくのかも。笑いと笑いで、やるべきことを挟む！　どんな世界でも使えるのは、ずっと同じテンションではなく緩急をつけて、伝えることを簡潔にわかりやすく、なのかもしれません。

09

Brightening your life

不完全くらいでちょうどいい

20代前半までの〝わたし〟を思い出すと、「完璧主義」「こだわりが強い」というワードが登場します。高校時代の親友からは、「えみ、ほんま変わったよな〜！　昔はさ、あれはこうでないといけない！　みたいな、えみルールがめっちゃあったやん」と言われます。まさに親友の言うとおりで、なんでもきっちり、ちゃんとやらなきゃ気が済まない。自分のルールや取り決めがたくさんあったんです。今もそれなりにあるっちゃある……。けれど、白黒ではないグレーのゾーンをたくさん持てるようになり、とってもラクになりました。

そう、このことを思いだしたきっかけは、読者の方から、「Emiさん、自宅のリノベーションをして後悔していることはありますか？」というご質問から。

3年前に、フルリノベーションをしたわが家。住み始めてから10年の中古マンション。娘が自分の部屋が欲しいと言い出したことをきっかけに、決心しました。一部リフォームではなく、水回りなども一旦全部壊す、スケルトンリノベを選択。期間は約1ヶ月半、リフォーム中は1Kに4人で仮住まいで暮らして、新しくなったわが家に戻ってきたというわけです。

リノベをしてよかったことが大半ですが、もちろん、実際住んでみると少しの後悔はそれなりにあります。

たとえばここにコンセントがあったらよかったなとか、汚れがとれやすい壁紙のほうがよかったかなとか。また、当時はまさか猫と暮らすとは思っていなかったので、脱走対策など猫仕様に全然なっていない、などなど……。

でも今は、「完璧より、不完全くらいがちょうどいい」って心から思えるんです。

昔のわたしだったら小さなことでも「もっと調べておけばよかった……」とくよくよと後悔していたことと思います。リノベ工事が進んでいく途中で、あ！　こんな素材があったんだっていうことを知ったとき、こっちのほうがよかったなって思うこともありましたけれど、それは後悔というより、自分たちが選んだ時点ではその情報しかなくて、それが「ちょうどよかった。後悔というよりは、また次に選ぼうとか、今このタイミングでこれを知れたことがちょうどいい」というような気持ちでいます。

完璧だともうこれ以上の伸びしろはないけれど、不完全だとすれば、これからもっとこうしようかな、今の状態でもちょっと工夫してみようかな？　と、いろいろ考える余白があるのも楽しみの1つです。

こんなふうになれたのは、20代で仕事をしはじめてからのような気がします。仕事は完璧にしたい、もっとほめられたい、という気持ちが強かった20代。フリーランスになってからの10年間でいろいろな経験をし、40歳が近くなるにつれて、今は完璧な姿なんて逆に面白くないんじゃないかなとさえ思うように。つまり、不完全くらいでちょうどいいと思えるようになったんですね。

これは決して諦めているのではなくて、実際、何か物事を進めていく時に、最初から完璧な姿を目指そうと思うと、とにかく時間がかかります。自分の１００パーセントのところになってからＧＯなんて、なかなか人とのすり合わせも難しい。だから今は7、８割ぐらいできていたらどんどん進んでいくように！　誰かと一緒にやっていくことによって、それが１００になることもあれば、80のまま進んでいくってこともあるんですけれども、「進まないことを選ばない」っていう感じなんです。時間をかけて、それがもう完璧になるまで待って、結局年に1個か2個……じゃなくて、完璧じゃなく8割でも、10個ぐらいざざざっと出して進めていくようなイメージです。

不完全くらいがちょうどいい、というのは、人間や機械もそう。たとえば、ルンバ、ロボット掃除機もいつも完璧じゃない。ちょっと途中で止まったりとか、乗り上げちゃったりとか、そういう可愛らしさがあるからこそ愛せるらしい、とどこかで読んだことがあります。それは人間も同じで、完璧な人よりちょっと失敗する可愛さだったり、ちょっとできないところがあるから応援したくなったり、愛情を持って接したくなる。

自分自身にもそう思えるようになって、とてもラクになったんです。わたしは家事も仕事も子育ても、完璧にはほど遠いけれど、でも、そもそもそんなゴールを目指さなくたっていい。不完全だけど、これぐらいがちょうどいいわ〜って！

10

Brightening your life

時間に追われず、時間を追いかけたい。〝用事〟は平日のスキマ時間で済ませる

「休日って何のためにあるんだろう？」

ふと頭におりてきた疑問です。フルタイムで子育てと仕事を両立していると、土曜日の午前中はすごく貴重な時間です。

以前は子どもたちのゼッケンをつけるとか、それから靴下の穴をちょっと縫わないといけないとか、窓の拭き掃除をするとか、いわゆる「用事」をするのは休日に。というイメージがあったんです。

でも、最近は「休日」という文字どおり、平日、月曜日から金曜日までめいっぱい仕事

して疲れた体を「休めるために」週末があるのだなと思いはじめました。
そうなると、「小さな用事たち」は、すでにパツパツにつまっている平日のスキマ時間にググッと寄せてやらなければなりません。一見するととっても大変そうに思うのですが、意外と平日のスキマ時間にできることってたくさんあるなと発見！

見開き1週間の手帳を広げて、仕事のやることもプライベートのやることも一気に書き出して。たとえば出社前に、お昼休みに、通勤途中に。用事は平日と決めると、時間がない分、決めるスピードも速く、意外とさっと終わります。

たとえばとある平日の通勤途中、ずっと気になっていた子どもたちが小学生の間使っていた古いキッズ携帯を、小型家電の回収ボックスに入れてきました。調べると回収ボックスが市内にいくつかあり、通勤途中に寄ることができる場所だったので、ポイッと。小さなことだけれど1つ用事が終わってすごくスッキリ！　いつもなら週末にどこか家電量販店に持って行こう、となりがちですが、それを平日に片づけてしまう。

とある日は、ふるさと納税の注文。こういったことも、できるだけ平日のお昼休みにやることに！　週末は時間に余裕があることで、ゆっくり時間をかけて選べるけれど、平日昼間は時間がないので、パパッと決めるしかないというのも自分の背中を押してくれます。

生まれた週末のたっぷり休みは最高～の気分！　朝から家族と出かけたり、ダンスレッスンに行ったり、時にはのんびりお昼寝したり。カラダとココロを休める週末があるからこそ、また平日がんばることができますね！

11

Brightening your life

〝打ち合わせ〟をうまく進める3ヶ条、そのベースにあるいちばん大切なもの

30歳まで働いていた会社員時代、1日のスケジュールは「○○会議のための打ち合わせ」「△△プロジェクト打ち合わせ」などなど、とにかく〝打ち合わせ〟が満載！　あっというまに1日が終わることが多かったような気がします。プライベートでも、PTA、それから子どもの習い事関連、なんだかんだと〝打ち合わせ〟ってあったりするものです。

〝打ち合わせをうまく進める方法〟のその前に、そもそもは、打ち合わせの時間をとらなくてもすむようにするのがいちばんの策！　普段の小さなコミュニケーションで解決でき

ればそれがいちばんだし、打ち合わせ時間のスケジュール調整にも時間がかかるので、それがなく進むのがベスト！　とはいえ、要所要所では必要になってきます。わたしが経営するOURHOMEも、そうです。日々は、口頭や仕事上のチャットツールでサクッと相談し、解決。でもいわゆる〝打ち合わせ〟のときには大きく3つのルールを設けているんです。

1つ目は、「今日決めることをみんなで確認する」。

事前にこれとこれを決めるよということは会社のチャットですでにシェアしているのですが、打ち合わせスタート時に、改めて、今日決めること、というのを声に出して、みんなでシェアするようにしています。

共通イメージを持っておくというのはすごく大事で、たとえば秋冬ウェアの企画打ち合わせの場合、今日は5個決めよう！「このボタンの色、端っこテープの色を決める、生《き》地《じ》がなかったから選び直し、新しいタグの形」のように、最初に何をどこまで決めて、何個あるのかなというのを確認しておくようにしています。たとえるなら、山に登る前に、みんなで地図を広げて、今日はあれとこれと、ここのポイントを目指しながらゴールに向かって進もう！　と話しているイメージ。見えないところに進むのは不安、でもみんなで共通の認識があれば、はぐれない。まずはじめにそれが大事だなと思っています。

2つ目は「終わりの時間を決めてスタート」です。

開始時間は決まっているけれど、終わりの時間の設定がない会議って意外とあるんですよね。他の企業さんとの打ち合わせでも、仕事ができる人が多いな〜と思う会社さんとの打ち合わせは、ちゃんと終わりの時間もしっかり決まっていて、ピッタリか、それよりちょっと前に終わることが多い印象なんです。

うちの会社も真似をして同じように、終わり時間をざっくり決めてスタートします。今日は1時間で10個のことを決めないといけない、ということがわかると、1つにかけられる時間は大体5分ぐらいということがわかります。時間の物差しとか考え方とか、仕事のペースがそれぞれだったりするので、「1個だいたい5分ぐらいで決めていかなきゃいけないよね〜」って、みんなで共通認識を持ってスタートするのがすごく大事なことじゃないかなと思っています。

3つ目は「次回までの宿題の期日と担当を決める」です。最後がとくに大事なポイント！　今日何が決まって、残りの宿題が何か、それを誰が、何をいつまでに次のことを決めていくかということを、ふわっとさせないで着地するようにしています。疲れていると（とくに金曜日夕方、笑）、ついふわ〜〜っとしたままフェードアウトしたい気持ちになるんですが、そこをほんのちょっとアクセル踏んで、最後きっちりブレーキをかけて終われると、次の進み方がまったく違うんです。

この3つは、仕事だけでなくプライベートでももちろん心がけたいこと。わが家は夏休みや冬休みなどの長期休みの前は、家族でスケジュール帳やカレンダーを持ち寄って、家族会議をするんです。まさにこのやり方で！

①夏休みの塾や仕事や遊びのスケジュールを確認しよう！

②土曜の朝に30分だけ使って！

③旅の予約はお父さん、お昼ご飯はお母さん、洗濯干すのは子どもたちにしよっか

のように。小学校高学年あたりからこういったこともできるようになってきて、これは将来の仕事にも役立つであろうと、ある意味ビジネスの英才教育のようなもの!?

でも実は何よりいちばん大事なのは、「楽しそうな会議の雰囲気」「物事がうまく進みそうな空気感」。これがあってこそ、この3つがうまく作用するのだと思っています。しかめっ面《つら》で座らない、明るい声で話す、など打ち合わせの主催者も参加者も、その空気感を前向きにつくることが、すべてがうまくいくコツなのかもしれません。

12

Brightening
your life

暮らしの足もとの、「自分的よっしゃ〜〜！」を見つける旅

暮らしのなかで、ものすご〜く小さなことであっても、誰に評価されなくても、「自分的に「よっしゃ〜〜〜！」」って思えることが見つかるとハッピー。

わたしの場合は「お金のかからない、ほんの小さな工夫」や、「同じ時間でいくつも同時にできるコツ」を見つけたとき。その瞬間はなんとも言えない高揚感で、その日１日とってもごきげんに過ごせるんです。

今年に入り「蒸籠《せいろ》」を使い始めました。丁寧な暮らしを送る方が愛用しているとばかり

思っていたそれは、わたしのようなとくに料理好きというわけでもなく、ラクが大好きな人に実はぴったりだったんです。

まずは上手に使えるかどうかを試すために1段だけ購入したものの、便利すぎてすぐにもう1段購入。今では合わせて2段づかいをしています。

さあその蒸籠がまさに、「同じ時間で一気に3品も調理ができる」優《すぐ》れもの。

まずは手持ちの鍋に水をはり、生卵を6個（お好みの数量で）投入して茹でたまごに。その上に、蒸籠1段目をのせて中には、鶏肉ともやしを。もう1段重ねて、こんどはブロッコリーなど冷蔵庫にある野菜をなんでも投入。じゃがいもでも、にんじんでもなんでも！

キッチンでスープをつくったり、ごはんをよそったり、他の用事をしているあいだ、15分ほどほったらかし。さて、それだけで一気に3品完成です。さらに蒸籠は見た目が素敵だし、テーブルにそのまま出せば器の代わりにもなる！　洗い物も減るし、使うたびに、毎回気持ちが上がります。

もう1つ、先日発見した小さな工夫。毎日何も考えることもなく、テレビのリモコンと、ビデオのリモコンの2つ、それぞれ使っていました。ふとビデオのリモコンを見ると、いつも押したことがないボタンが目に入ります。よ〜く見ると、2つのリモコンには同じようなボタンがいくつも。あれ？　テレビとビデオのリモコンって1つで兼ねられるのかもしれない……!?　早速ネット検索してみると、3分ほどの簡単な操作で、テレビとビデオのリモコンが1つになりました。10年以上ずーっと気づかず過ごしていたのが不思議なくらい。こちらも毎回リモコンを使うたびに、「よっしゃ〜〜！　ふふ、わたしってすごい！」と密《ひそ》かにほくそ笑んでいます。

こんな、足もとの小さな小さな「自分的よっしゃ〜〜〜！」を見つける旅は、きっと人生の最後まで永遠に続くのだと思います。その小さな喜びをずっと楽しめる自分でいたいなあと思います。

蒸籠の蓋をあけるとフワ〜〜っと野菜のシンプルな香り。毎回、 シアワセな気持ちになる。

ゆで卵5個、ささみも一気に蒸籠で仕上がる。平日がんばるための、週末の家事貯金。

オープン収納。このラックによく使う食器やカトラリー、食卓調味料がまとまっている。

39歳で再会し、毎週一緒にダンスレッスンに
通う高校の先輩へ。今週の出来事をお互いに報
告し合う、大切な友達。わたしのサードプレイス。

猫2匹との暮らしをはじめました。
犬派だったわが家が、出会ってしまった猫の"chami"と"ころん"。
のんびりにゃ〜ゆっくりにゃ〜と家族に声をかけてくれているよう。

洗面所の収納を考えるのが好き。
タオルはコロナ禍で、家族それぞれ専用で使えるように変更。

仕事で出会い、そこから友人へ。
落ち込んでいたときに「元気だして」と持ってきてくれたお花。

2匹の姉妹でごろごろと。見ているだけで疲れがふっとぶ。

以前chamiが外へ飛び出してしまい、ごく最近、猫脱走防止の内扉をつけた玄関。これで安心！

試しに、クローゼットの奥を寝室にしてみた。狭すぎて体が痛くなり、即変更。苦笑。

冷蔵庫にこれがあると安心。iwakiの保存容器が大活躍。

実家からのにんにくを、娘と一気に剥き
フードプロセッサーでつぶす。オリーブ
オイル漬けで保存。

ファストフードが無性に食べたくなると
き、ぐっとこらえて自宅でポテトを揚げる。

お弁当を持つ生活をはじめたら体型が変わりはじめました。白いご飯に昨日の残り物のっけ丼。基本このスタイル。

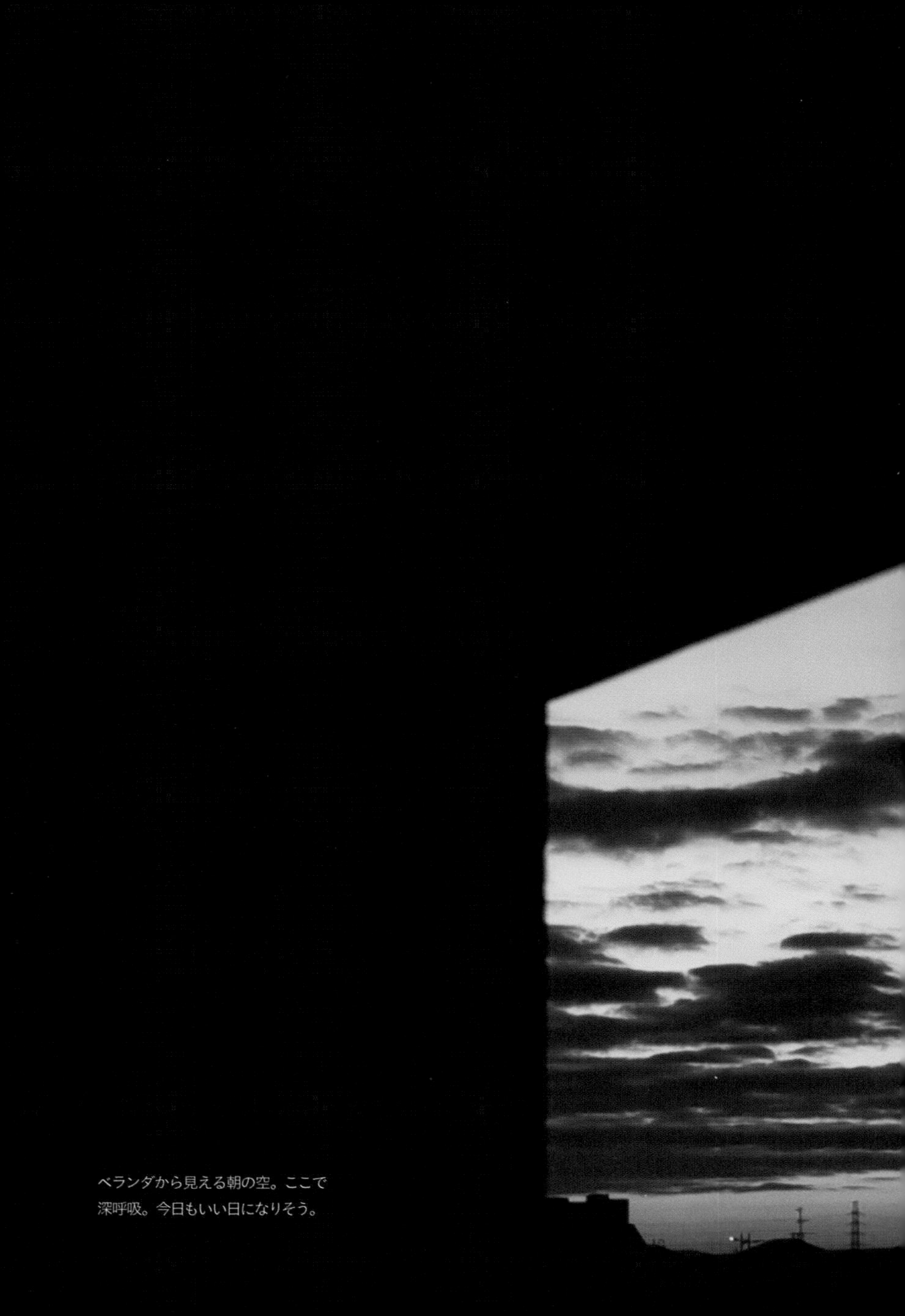

ベランダから見える朝の空。ここで
深呼吸。今日もいい日になりそう。

スタッフ出社の前に、ひと仕事。集中できる場所。

オリジナルウェアの生地の色を決めるときは、必ず窓のそばで。自然光でチェック。

平日ほぼ毎日配信するラジオVoicyは、その日の気分で収録場所を選ぶ。この日はオフィスの洗面所。

双子がつい最近まで机を置いていたのはリビング。今はそれぞれの個室へ。こうして写真に残しておくと、思い出が一気に蘇る。

とある日の、平日夜22時の写真。

サッカー指導帰りの夫がポーン、サッカーレッスン帰りの息子がポーン、塾帰りの娘がポーン。
そしてiPadが定位置の隙間にスッ。

よくあるわが家の光景。

子どもたちが帰宅時にまだ仕事中のわたし。ちょっとでも力になればと、お手製のおみくじつきのおにぎりを。どれをひいてもhappyなおにぎり。

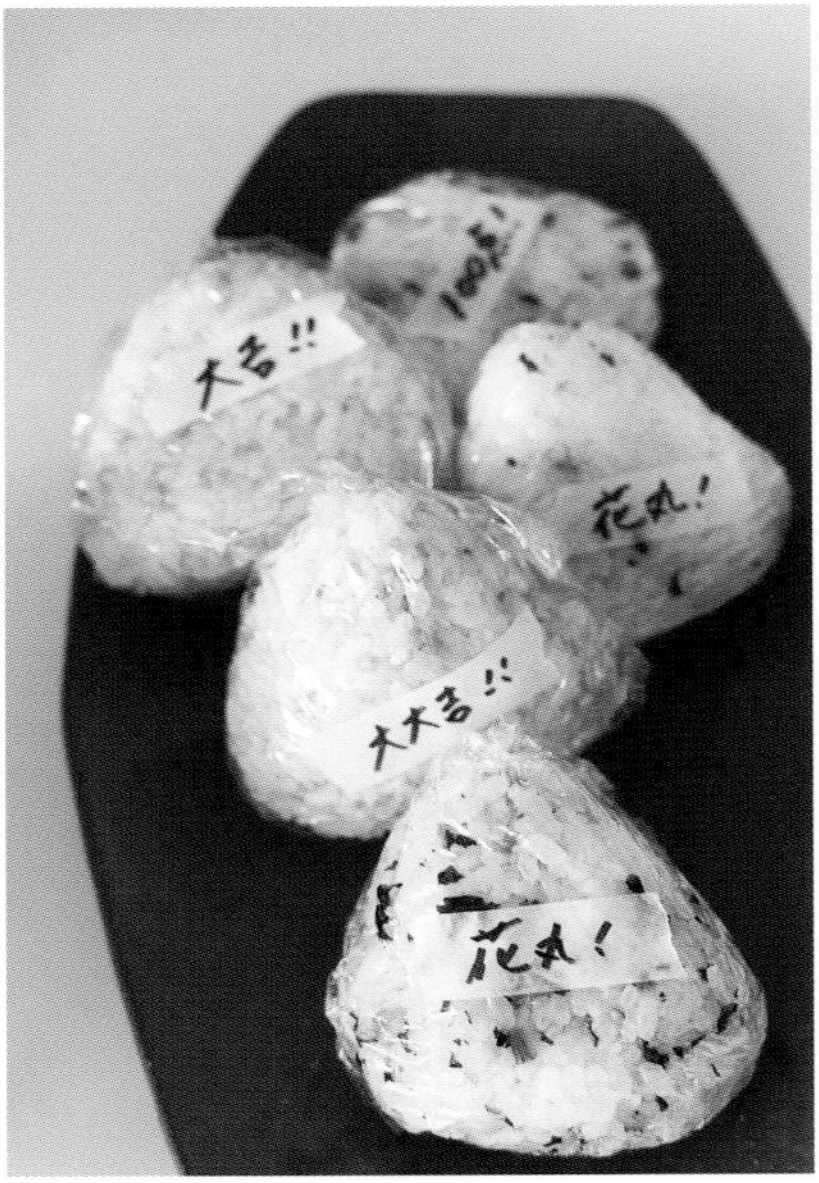

朝早く出ることが多くなってきました。書き置きを残して出発。おかあさんそこにいるよ、のイメージ。

夏休み。机に向かうのに飽きてきた息子。それを邪魔するころん。

20歳。バックパッカーのタイの旅は、アルバムも日記もちゃんと残している。ときどき見返して原点に戻る。

13

Brightening your life

思い込みの枠をはずして、おすすめの波に乗る！

毎日メイクしながら見ている自分の顔。年に2度ほど、急に「わ、飽きてきたな〜」というタイミングが訪れます。髪型も見慣れてきてなんだかパッとしない、メイクだっていつも同じでラクなんだけど、なんだかな〜というとき。

そういうときは思い切って、誰かのおすすめに素直に従ってみる、ようにしています。自分のこだわりや思い込みを捨てて、素直に波に乗ってみる！

髪型は、こうしたい、ああしたい、をまったく言わずに、美容師さんに丸ごとお任せに(最初は勇気がいりました)。先日のわたしは、のばしかけていた髪を、ばっさり切ることを提案してもらい、よし！ 乗った！ と、顎《あご》下まで15センチくらいカットしてもらいました。家族やスタッフからも好評だし、髪型が変わっただけでいつもの洋服が新鮮に見える不思議。

余談ですが、美容師さんのインスタで見かける、冴《さ》えない男子学生がたった30分のカットで大変身する投稿が大好き！ プロに身を委《ゆだ》ねて、自分の思い込みをはずしてもらう瞬間は、新しい自分になれたような気になりますね。

メイクもそう。このあいだは中学生の娘と「お母さんのメイクグッズを新調するツアー」にでかけました。行くお店さえも、その日にピンときたところにしようとまったく決めず、デパートをうろうろ。朝10時ぴったりに行くと、お客さんもまばら。店員さんをさっと見ると、とっても美しく、それでいて威圧感のない女性がいました。この人だ！ と思い決めたそのお店は「ＲＭＫ」。思えばわたしがはじめて、大学生のとき母に連れられてメイク道具一式を揃《そろ》えてもらったのもそのお店でした。

自分のメイクに飽きてきたことを彼女に伝えると、眉マスカラの色を替えること、チークは練り状の新しいタイプのもの、それからクマやシミを隠すのに薄くてもいいからファンデーションをしたほうがいいこと、それからそれから……。いろいろと提案してもらったもの、すべてまるごと一式いただくことにしました。いわゆる大人買い！　頻繁《ひんぱん》に買うわけではないのでここは自分への投資として。

もちろん、自分でこだわりを持って、「これが欲しい」という買い物も好きですが、自分がちょっと疎《うと》いもの、新しい情報を教えてもらいたいものに関しては、とくに素直に誘いに乗ってみるようにしています。

こだわりを捨てて、思い込みの枠をはずして、おすすめの波に乗る。ときに失敗があったとしてもトライしないよりずっといい。ガチガチのかたいアタマにならないように年を重ねていきたいものです。

14

Brightening your life

13歳の「考える、選ぶ、決める」練習、を横で見ながら

「こんなに悩んだのは、人生で初めてやわ〜」

中学1年生になったばかりの娘が、目をキラキラさせながらそう言います。入学早々、部活動を選ぶタイミングがやってきました。気になる部活をいくつか選び見学に行ったものの、コレ！　という決め手がまだないようです。夕方帰ってきたわたしがソファーでビールを飲みながら娘の話を聞いていると、頭のなかがこんがらがっていることがよくわかりました。

「よし！　そういうときは、表を書いて、いったん自分で整理してみたらどう？」

と娘に伝えました。縦軸にそれぞれの部活、横軸には、朝練があるかないか、先輩の雰囲気がどんな感じだったか、自分が得意かそうでないか、どのくらい日焼けしそうか（彼女にとっては超重要ポイント！）などなど、自分なりに気になったポイントを書き出して。

書いてみたらスッキリしたようで、選んだのは「卓球部」。朝練が他の部活と比べて多くて大変そうだけど、室内で日焼けをしない、さらに自分が好きなスポーツ！　決断できたあとは、パ〜〜〜〜〜〜〜ッと明るい顔をしていました。

娘に伝えたのは、今は〝考える練習〟〝選ぶ練習〟〝決める練習〟をしてるんやと思うよということ。

たとえば、これから受験をする高校選び、それから就職活動、はたまた結婚相手だって、それから結婚式場だって家だって、人生常に「選択の連続」。何も比較しなくても直感がぐん！　と動くそれに出会えたら最高だけれど、ときには選ぶシーンも出てくるかもしれません。そんなときに、子どものころから「考える、選ぶ、決める」練習を重ねていたら、絶対力になるはず。

こういうときに親ができることは、こっちがいいよ、あっちがいいよっていうことではなくて、ただただ話を聞いて見守ること（言いたくなる気持ちを抑えて、苦笑）。無理に親が思う方向に導いてしまったりすると、せっかくの自分で考える機会を奪うことになって、あとで困るのは子ども自身。いや、親も同じく。ちっちゃなころから、たとえば、おもちゃの整理ひとつとっても、わたしが判断するんじゃなくて、子どもが置いておきたいと思ったものは置いておくようにしてきました。あるとき急に、子どもが、すごく高かったものでもいらないと判断したこともあって、うっ……（高かったのに〜〜！）と思うけれども、自分が選択したことに自信を持ってほしいのでそうすることに。後で後悔してもいい。それは後悔をする練習。あのときに捨てなかったらよかったと後悔することも1つの練習だと思います。

ときに、自分の選択にずっと自信が持てず、あっちのほうがよかったかも、こっちにしておいたほうがよかったかもと、後悔の連続です、といったご質問をいただきます。買ってきたばかりの服も、あっちの色が良かった、どっちの道に進もう、どっちの駐車場にとめよう、パッと決めないといけないこともすべて、後悔が多いと。

「考える、選ぶ、決める」の練習は大人になってからでも遅くない……と言いたいけれど、なかなか長年培《つちか》ってきた自分の感覚をガラッと一気に変えるのは難しいのではないかと思います。

でも、誰にもこれまでの人生の中で「これはうまく決断できたな～」という経験があると思うんです。たとえば、服選びだったり、進路選びでも。すべてに対して後悔しているわけではなく、うまくいったなってことが何度かあったとしたら、じゃあ、その選択はどういう形で導き出したのかなということを振り返る。つまり、「うまくいった方法は、どうやって自分が導いたのかな」と考える。後悔していることを深く考えてもマイナスの気持ちしか浮かばず、そこを掘り下げるより、うまくいったことの選択は、どんなふうに選んできたのかな、を考えてみるんです。

たとえば、娘の部活と同じく、表に整理したらうまくいったパターン、また、いつも横にいてくれる人が、最後に後押しをしてくれたときは、うまくいったという人もいるかもしれません。何か自分がうまくいったとき、後悔せずに決められたなって思うときは、どんな導き方だったのかなっていうことを振り返ると、意外と共通点があるんじゃないかなと思うんです。

ちなみに、わたしの場合は、直感で、もう誰にも相談せずに決められることが、うまくいってきたこと。一方で、あれどうしようかなこれどうしようかなって迷いながら、誰かに相談することは、のちのち結果がうまくいかなかったことが多かったんです。

もちろん、わたしもいつも全部が全部直感で、すぐ答えが導き出せるかというと、そうではなく、悩むことももちろんあります。でも小さいころから結果うまくいったなと最後まで思えることは、最初の直感で、誰にも聞いたりせずに、もう自分の中でパッと答えが出ること、というふうに感じています。

コレばっかりは、本当に人それぞれ。自分のうまくいったパターンを思い出してみると同時に、まわりの人のそれも聞いてみると、新たな発見が生まれるかもしれません。

わたしは40代になり、今までとはちょっと違う「うまくいくパターン」を経験してみたい！　そんなふうにも思っています。

15

Brightening your life

迷っているときは「小さく進む」。まず、サイコロを振ってみる

今の仕事をやめようか、思い切って転職しようか、気になっているマンションを買おうかどうしようか、そういった「大きな決断」をするときに、「ちょっとEmiさんに聞いてみようかな」とラジオで相談をいただくことがこの1年でぐっと増えました。

わたしは30歳で会社員をやめ独立し、33歳で夫と法人化（このとき双子は4歳）、スタッフもどんどん増え、はじめたときは小さな1DKのマンションでしたが、10年経った今、好きなデザインでつくった3階建てのビルでスタッフ26人と仕事しています。……

と、これだけ聞くと、「大きな決断」をスパーーーーッと決めてきたオンナEmi、の印象があるでしょうか（苦笑）。

実際にはわたし自身も、もちろん悶々《もんもん》と悩み、石橋を叩《たた》きながらここまでやってきたのですが、たしかに進み方には1つのポイントがあるような気がしています。

ある日、こんなご相談をいただきました。

「ちょうどいい働き方について、ここ数年考えることが増えました。というのも、4歳、1歳を育てながら好きな仕事を続けることが、今までどおりいかなくなってきたのがきっかけです。新卒から10年、精神保健福祉士として働き、とてもやりがいを感じているものの、家族と休日が合わず、休暇や福利厚生が少ないことにもモヤモヤ。転職を考えてはやめてを繰り返しています。

そんな中、行政での専門職採用の求人を見つけて、心がまた動いています。居心地の良さを選ぶか、休みなどの体制を取るかで悩んでいる自分がいます。スタッフとの絆もできているので、今の職場を辞める罪悪感などもあります。

Emiさんが以前話されていた、タイミングが合えばぐんぐん進むという言葉が頭をよぎり、気持ちが100パーセント向かないのは、今がタイミングじゃないのかなと思ってしまったり、悶々としています……」

やりがいはあるけれど、働き方にモヤモヤ。その逆もよくあって、休みも取れるし人間関係も良い、でもやりがいがない。みんなそれぞれの場所で、いろんな悩みがありますよね。

本気のときは体が勝手に動くし、いろんなタイミングがパーンって合ってうまくいく、だから迷っているときは本気じゃない、というのもわたしの本心。

でも実はわたしは迷っているときに、「大きく進む」ことはしません。たとえば、急に、エイヤー！　と、いちかばちか会社を辞めるというような、大きな決断。でも「小さく進む」ようにはしているんです。

どういうことかというと、この方は新しく行政での専門職採用の求人を見つけたとありました。わたしの場合、そこに行くかどうかを決めるのは受かってからだと思うんです。これは「大きく進む」ということですよね。でも、応募するだけなら、「小さく進む」ということなんじゃないでしょうか。

もちろん、応募して採用になって、そこからもしやっぱり転職をやめるということになったら、いろんなところにご迷惑をおかけしてしまう可能性もあるかもしれないけど、まだ何も始まってないんだから、小さく進んでみる、応募してみるというのは悪くないんじゃないかなと思うんです。

今迷っているのは、受かったらどうしようかということをすごく悩んでいるんだと思いますが、まだ応募してもないし、受かってもないのに、すっごく大きいことで悩んでいるのかも!? なので、まず「小さく進む＝1回応募してみる。採用のメールフォームを押してみる」。

小さく進むと、不思議なものですがこんなことがたびたび起こります。受けないほうがいいときは、その応募フォームがうまく進まなかったり……。わたしの場合、買わないほうがいいものは、ネットで何回クリックしてもうまくいかなかったり、ブログの更新が何回やってもシャットダウンしちゃうときなどは、その内容は更新しないほうがいいんだなと思ってすっぱりとやめちゃったりします。小さく進んでみて、うまくいかないときというのは、そういうことを指し示してくれるような気がします。

わたしは、人生はすごろく、そんなイメージで捉《とら》えるようにしています。サイコロを振ってみて1が出るか、6が出るか、何が出るかわからないけど、いったん振ってみる。ご質問くださった方は、サイコロを振って数字が出て悩んでいるのではなくて、そもそもサイコロを振ってもないのに悩んでいる、そんな気がします。1回気軽に振ってみて、出た数字をみて進むかどうかを決める、それでもいいと思う！

新卒から働いて10年ということなので、まだ他の環境をまったく知らない状況ですよね。面接を受けていく中で、あ、やっぱり今の会社が一番だなって思うこともあるかもしれません。そのときはそのとき考えたらいいと思います。

わたし自身は転職活動をしたことがないので、そこはあまり強く言えないのですが、自分の場合で言うと、この仕事を受けるかどうかとか、それからこの商品を進めていくかどうかなどのとき、なんかちょっと気になる、モヤモヤするというときは、ちょっとサイコロを振ってみて、進んでみる。その先に、あ、やっぱり違ったなと思ってやめることもある。でも、タイミングがバチバチバチと合ったら、進んでいくとうまくいくというような感じです。

小さく進みつづけた結果、気づけば大きな変化につながってきた、止まらずにサイコロを振り続けてきてよかったな、このすごろくはどこまで広がっているのかなと、わくわく、さえもしています。

16

Brightening your life

me time＝自分だけの時間

好きなことをして自分だけのリラックス時間を過ごすことを【me time（ミータイム）】と呼ぶそうです。30代前半、まだ双子の育児まっただなかのころは、自分の時間と言われれば、美容院に行く、奮発してマッサージに行く、すべての育児と家事を終えて、ほんのときどきママ友と飲みに行く、気持ちは外へ外へと向いていました。それがその頃の「自分時間」というイメージだったように思います。でも、最近は家の中でも自分の時間を持つようにできているなと感じるんです。それは多分、コロナがやってきて、家族4人、3LDKのマンションの中でずっと過ごし、気持ちのバランスを保つのが大変だったあのステイホームの期間を経てからのことです。家の中でも自分時間をつくれるように工夫しよう！　と考え始めてからでした。

- お風呂のなかの電気を消して、少し長めに湯船に使ってぼ〜〜〜っとする。
- 片耳イヤホンをつけて、ラジオの世界にひとりで浸る。
- 廊下に小さなテーブルと椅子を置いて即席ひとりスペース。
- 家族より早めに起きてダイニングテーブルでマイノートを書く。
- ときどきアイマスクでひとり夢の世界へ。

あれ？　家のなかでも工夫次第でひとりの時間、自分と向き合う時間はとれるのかもしれない。外へ出ないと、ひとりの時間がつくれない！　そう思っていたのに。いまいる場所で、大きく何かを変えなくても、自分の気持ちと工夫でできることってたくさんあるんだな、と。

いちばんのお気にいりの「me time」は、今まで書きためたマイノートを振り返る時間。18年間心が動いたことを書き留めてきたノートは72冊になりました（詳しくは著書『続けるほど、毎日が面白くなる。もっともっとマイノート』を）。ずらっと並んだそれのなかから、今日はどれにしようかなと数冊選び、廊下においた小さなテーブルへ。リビングでサッカー動画を見る夫と息子、ファッション雑誌を読みふける娘から、そっと離れて、ひとり時間です。

マイノートを見返すと昔考えていたことが今とても新鮮に思えたり、忘れていた気持ちを思い起こさせてくれたり。若かったな〜と恥ずかしさを感じるページも。

母であり妻であるわたしも好きだけれど、ときに必要なわたしの時間。外でも持てるようになってきたけれど、家のなかにも必要！　これがあると暮らしのバランスがとれる大事な時間です。

17

Brightening
your life

今日も猫たちは、気ままに過ごしています

好きな時間に寝て、食べたいときに好きなだけ食べて、甘えたいときだけスリスリする。

2年前から一緒に暮らしはじめた、猫のchamiと、ころんを見ていたら、ああ人間も、もっと自分の気持ちに素直で生きられたらシアワセなのかな〜、なんてふと考えます。

2匹のある日を追いますと……。

午前3時。寒くなったので主《あるじ》のベッドにもぐりこむ。ちょんちょんと触って主を起こし

てみたものの、やっぱり気が変わって、リビングのソファーで寝よう。

5時。おなかが空いたので、２口だけ食べる。猫どうしで遊びたい気分になって、追いかけ回す。リビング〜洗面所〜それから、クローゼット！　たたたた〜〜〜っと！　ちょっと運動するっていいね！（寝ている家族はおかまいなし）。

6時。みんな起きてきた〜スリスリ。おねえちゃんに、なでなでしてもらおう〜っと。でもすんなり甘えるのは恥ずかしいから、ここで待ってよ〜っと。

7時30分。みんな出発した。昼間は気ままに、日向ぼっこでもして過ごそうか。

16時30分。寝てたらおにいちゃんとおねえちゃん帰って来た。忙しそうだにゃ。ちょっと疲れているみたい。そっと横にでもいてやるか〜。

18時。ちょっとお水でも飲んで、またあったかい場所を探して、のんびりしよう。……今日はどこで寝ようかにゃ〜。


「猫になりたい〜〜〜〜！」

子どもたちが思わずそう叫んでしまうくらい、日常の生活は、学校や部活、塾におわれて、ほっと一息つく暇もないくらい。大人の私たちもそうかもしれません。こんなふうに、食べたいときに食べて、寝たいときに寝る。今日はあったかい場所へ、今日はテーブルの下で、あしたはどこにしようかな。その日の気分で、その日の自分の気持ちに素直に生きている。猫ってうらやましい。でも、自分たちだってそう、できるのかもしれない。

動物と暮らすなんて想像もしてなかったわが家に、この子たちがやってきてくれた意味、ただ癒しをくれる存在だけではなくて、プレッシャーや大変なこともある日常だけれど、「自分の本当にしたいこと、を大切にしたらいいんだよ」を教えるためにやってきてくれたのかなと思うんです。

仕事で大変なことがあったとき、こころが疲れているとき、悲しいことがあったとき、不思議なことに猫たちがいつもより、そばで寄り添ってくれている気がします。なでてあげながら思うのは、「そうそう、大事なのは自分の気持ちだよね」。

今日も猫たちは、気ままに過ごしています。

18

Brightening your life

春夏秋冬、ほんのちょっとだけ季節を先取りする、服選び

オシャレにものすごく自信のある人に憧れるけれど、どうやら今回の人生ではわたしはそうではないよう。流行《はや》りものや今季のブランドものなどはまったく知らないし……。けれど、実用的で飽きのこない定番の服選びや、毛玉がつきにくいニット選び、シワにならずアイロンをまったくかけなくていい服など、そういう類《たぐい》のものを探すのは得意だし自信もある！

好きが高じてオリジナルウェアをつくりはじめて4年が経ちました。生活者目線の服づくり、というのがしっくりくるのだと思っています。

そんなわたしが、自分なりに心がけている「ちょっとだけオシャレに見えるコツ」がいくつかあります。それは〝ほんの少しだけ季節を先取りする〟こと。

新しい服をどんどん買い替えるのは、経済的にも、クローゼットの収納量的にも難しい。手持ちのもので、ほんとにちょっとだけ季節を早めに取り入れるという、シンプルにそれだけ。

冬から春へ季節が変わるタイミングは、3月になったらだんだんと白のボリュームを増やしていくように。3月はまだ寒い日もあるので、たとえばあったか対策で真っ白のタートルを着て、その上に白いブラウスを。素材はまだ冬の素材でも色が白に変わるだけで、春っぽくなります。さらにタイツをやめて、靴下をはくように。タイツは冬のアイテム！というイメージなので、靴下に替えるだけでもぐっと季節の先取り！

春から夏へと移るときは、少し早めにサンダルをはいて。ちなみに足もとのネイルは、ボルドーやブラウンなどの濃い目の色を一年中塗っています。同じく半袖やノースリーブも、ほんの気持ち早めに着始める、たったそれだけです。

そして夏から秋へ。お盆を過ぎたらサンダルをやめ、パンプスやローファーを浅履き靴下ではくようにします。足元が変わると、洋服もおなじく。とはいえ、まだ暑い季節なので、色みだけは薄いブルーや白を選ぶものの、七分袖や長袖をまくったりして過ごします。秋から冬へは、だんだんと色みを濃いグレーやネイビーなどを選び、繰り返しになりますが気持ち、ちょっと早め早め、を心がけるように。

その季節にマンネリ化していたファッションが、次の季節を先取りをするだけで、鏡にうつる自分や、ふと目をやった自分の足元が新鮮に見える！　誰かの目線でオシャレに見られたい！　というよりも、「なんか今日いい感じ！　新しい気分！」そう思えることが自分的にシンプルにうれしい。

ふと思い出すのは、会社員時代20代のころ同じ職場にいた、年上の先輩。金曜の夕方、お手洗いでお化粧直しをされていたその先輩に「今日はどこか飲みに行くんですか?」とお聞きしました。

すると、「ううん、違うのよ。今から残業! わたしの気分を上げるために、化粧直ししてるの」と。誰かの目線ではなくって、自分のためにオシャレや化粧をする。シンプルだけれど忘れがちなこと。

わたしは毎年新しい洋服をたくさん取り入れているわけではないし、むしろ何年も着続けている服もたくさん。「好き」はコロコロ変わらず、簡単に飽きない。最新の物を知らなくても、自分なりにちょっと季節を先取りして、あくまでも自分なりのオシャレを楽しむ。それが無駄なく、シンプルに一番心地いいし、楽しい!

19

Brightening your life

家庭でも仕事でも、言いにくいことを伝えるちょっとの工夫

職場で後輩に上手に注意ができない、暮らしの中でも友人に言いにくいことを伝えるにはどうしたらいいかとご相談を受けることが増えてきました。マイナスな空気感が苦手、相手にどう思われるかなと反応が気になってしまう……。優しい気持ちが強い方はとくに、今までそういった場面では我慢したり、避けてきたりしたのかもしれません。

とはいえ、人生の中では、自分の言いにくいことを伝えなければいけないタイミングもやってきますよね。それは職場だけではなくて、夫や子どもに対しても。わたしはどちらかというと、言いづらいことを我慢して自分だけで処理することのほうが苦手。できれば

上手に伝えるほうを選びたい、と思っています。

言いにくいことを伝えるために心がけていることが３つあります。

まず、１つ目が「明るく言う」こと。嫌なことを言うときには、自分の気持ちも落ちていたりするので、ジトッとした空気で伝えてしまうと、相手にもその空気が伝わってしまいます。いや〜な空気で話が進んでいくと、やっぱりうまくいかないことが多いんですよね。

ちょうど先日、社内でこんなことがありました。お客様も目にする位置にある商品のストック場所。きれいに見えるようにと白い布をかけて保管していたのですが、その布がぐちゃぐちゃになっていました。それを見たあるスタッフが新人スタッフに注意しているタイミングに遭遇。「ちょっとちょっと〜（笑）、スカートがびゃ〜〜〜って、めくれあがってるみたいになってるよ〜（笑）！」と伝えていたんです。それを見て、わ、いいな！

と。まさに言いづらいことを「明るく伝える」です。これがたとえば、「前にも言ったことあるよね？　お客様にも見える場所だからダメだよ！」というような言い方だと、新人スタッフは萎縮してしまいますよね。

明るく伝えるってとても大事。言われたほうも、「はい！　気をつけます！」と、明るく返していて、こういう循環がいいよな〜とわたしもメモメモ。

2つ目は、「短く言う」こと。とにかく、だらだら言わないというのを心がけています。長くしつこく何度も伝えると、重た〜い空気が流れていくので、パパッと短く言う。伝えることは、シンプルに短く言うというのを意識しています。さらに「すぐ言う」も大事。時間がずいぶん経った後で、「あの時のあれね」っていうのを持ち出すと、お互いに同じ空気感を忘れていることもあるので、わたしは早めにその場で短く言うように気をつけています。これはまさに夫に伝えるときにとくに気をつけていることかも！（笑）。

3つ目は「たとえて言う」です。

社内にひとり、長い文章を構成し、書き上げるのが得意なスタッフがいます。でも、どうしてもつい言葉の選び方がかたく、真面目すぎる文章になってしまうことが続いていました。お客様にお伝えするには、もう少し柔らかくやさしい印象の文体でお届けしたい。その彼女に、真正面から、文章がかたいよ、真面目すぎるよと、何度も言うのはパワーを使うし、言われる側も辛い気持ちになりますよね。

そこでどんなふうに伝えたら、うまく伝わるのかなと考えてみました。それが「たとえて言う」ということ。

「たとえばなんだけどさ～、いつもの自分が文章を書いてるのではなくて、ニューヨーク在住のB系で、ダボダボの服を着てる女の子になりきって書いてみたらどう？」と伝えました（たとえが下手なのは置いておいて。苦笑）。つまり、いつもの自分とは違うまったく別の自分が書いていると想像することで、文体をガラッと変えるきっかけになるんじゃない？　ということ。

もう1つは、お客様に文章を書くというイメージを変えて、「たとえば、友達にLINEするみたいに文章を書いてみたらどう？」なんて伝えることも。

こういうふうに、文章の細かい内容の指摘ではなくて、少し視点をそらして、たとえ話で伝えるということです。

子どもに対しても同じです。たとえばサッカー少年である息子が、ボールやシューズなどの道具を大事に扱えていなかったとします。「ダメでしょ！ 大事にしないと！」と言うのは簡単だけれど、ここで彼がどんなふうにイメージしたら気持ちよく動けるかということを考えます。「本田選手ってさ、めちゃめちゃボール大事にしてるらしいよ」と、息子が好きなサッカー選手を登場させ、自分の中でイメージができるようにたとえ話をしてあげるように。

会社でも家庭でも言いづらいことは「明るく、短く、たとえて」伝える。これさえできていれば、人生のなかで大きな問題になる前に解決できることがたくさんあるはずだと思っています。とはいえ、自分で意識していることだけれど、ときどき忘れそうにもなってしまう。

そうだ、よく目につくように、印刷して冷蔵庫のドアにでも貼ろうかな（笑）。

20

Brightening your life

それって今のわたしに〝ちょうどいい〟？

「ちょうどいい」ってすごく抽象的。でもあえて、「見つかる。わたしたち家族の〝ちょうどいい〟暮らし」とOURHOMEのコンセプトに掲げるのには、意味があります。

たとえば、「見つかる。わたしたち家族の〝賢い〟暮らし」とか、「わたしたち家族の〝前向きな〟暮らし」とか、そういうふうに断言することはとても簡単です。でも、ずっと賢く暮らしたいと思ってるのとはちょっと違うし、前向きじゃないときもある……。そのときそのときの自分たちの暮らしや自分たちの、真ん中の気持ちを見つめていたい。「ちょうどいい」は変わっていく、でも、そのときに合わせて、自分たちの「ちょうどいい」に正直でいたいなという気持ちで選んだこの言葉。

10年経った今でも、仕事だけではなく家庭においてもずっと大事にしています。

「それって、今のわたしに〝ちょうどいい〟？」

双子育児と仕事でそれこそ猫の手も借りたかった時期は、それまで使っていたコードレス掃除機をかけることさえ手間に感じ、昼間の誰もいない時間にロボット掃除機ルンバに力を借りて、きれいにしてもらうことが「ちょうどいい」時期もありました。保育所に行く前に、全部荷物を上げて、ルンバのボタンをピッと押して、帰ってきたらもう掃除してあって気持ちいい。そういったことをそのときはわたしたちにとってちょうどいいよねと思って、夫と一緒に家電を選び、生活をしてきたんです。

あれから双子は中学生になり、生活もぐっと変化した今の「ちょうどいい」は、長年ともにしたルンバを手放し、昔ながらのほうき掃除。音を気にせず、いつでもさっと掃除できることを選ぶように。

Emiさんがほうき？　と、最初は読者さんにもびっくりされました。あんなにラクしたい、時短で効率よくって言っていたEmiさんがほうきを使うなんて、と驚かれたんですけど、でも、そのときの自分の気持ちに正直になると、ほうきを使いたい自分がいたんです。

それは決して丁寧な暮らしをしたいというのではなくて、コロナ禍になり、子どもたちもわたしも夫も家で過ごす時間が長くなって、ルンバを使うと、すごく音が大きいんです。荷物を全部上げて、その間は音楽を聞こうと思っても聞けないし、仕事をしようと思っても音が気になる。じゃあ、今の自分たちにとってのちょうどいい掃除のあり方ってなんなのかなということを考えたところ、あれ、もしかして〝ほうき〟なんじゃない？　となったんですね。

ほうきは充電もいらないし、朝の早い時間や夜の遅い時間にちょっと掃除しようと思ったとしても音が全然気にならない。今のわたしたちの暮らしにとっては、ほうきの掃除ってすごいいいよね、と。

しかも、ほうきの掃除というのは、ゴミを集めると家族の生活のあり方が見えるんです。たとえば、砂が多いなと思ったときは、週末息子が砂のあるグラウンドでサッカーを頑張っていたからだなとか、季節の変わり目を感じるなとか。ほうきでゴミを集めることで、家族の生活が見えてくるというような感じなんです。

さらに、そこから猫2匹が増え、抜け毛の掃除が大変になってきた今の「ちょうどいい」は、またまた原点に戻ってコードレス掃除機のパワーアップ版を選択しようかなと思っています。

今まで使っていたものをずっと使い続けることや、一度決めた仕組みがずっと同じであることが大事なんじゃなくて、今の自分たちの気持ちや暮らしにちょうどいいかどうかを心の真ん中に聞いて考える、を大切にしたい。

たぶんそれは、小さな暮らしの違和感を見逃さない、ということなんだと思うんです。使いにくいな〜、うまくいかなくなってきたな、モチベーションが下がってきたな、マンネリだな、みたいな小さな違和感。ここに気づかないふりをするのは楽だけれど、いつか爆発してしまうし、生活は向上していかない。

この小さな違和感を見つけて、どう乗り越えて行くか？　を楽しめる人生を歩みたいし、その背中をきっと子どもたちが見ているんじゃないかな？　と（いや、見ていてほしいという願いをこめて）。暮らしのなかのその「小さな違和感を見つけて、今の自分にちょうどいいを見つける」力は、きっときっと社会でも大きく役立つはず。

21

Brightening your life

自分を信じる。誰かに響くのは、自分の頭と心にあるものだけ

10年前に独立し、はじめて開催した写真整理のレッスン。カフェのような雰囲気のカメラ屋さんの奥にある小さなスペース。そこで5名の皆さんの前でお話ししたのがはじまりでした。

今でこそ、ライブ中継でオンラインセミナー、コロナ前は大きなホールで400名の前での講演会、テレビの生放送と、いろいろ経験させていただいていますが、慣れない場所でのお話は今でもやっぱり緊張します。直前には手に汗をかくし、そわそわ落ち着かなくなることももちろん！　でも、10年前のあのころと比べると格段に、「緊張せず、落ち着

いて自分の話したいことを伝えられる」ようになっているとも感じます。

今年ラジオをはじめてから「話すわたし」を知っていただく機会が増えたからか、「人前で緊張しないコツは？」「仕事でのオンライン会議、顔が見えないので話す不安があります」とたくさん質問をいただくようになりました。

わたしの「人前で話す」が上達したターニングポイントは、独立して2年目のある日のこと。東京渋谷のNHKスタジオでした。その日ははじめての生放送「あさイチ」の出演です。当時は有働由美子《うどうゆみこ》アナウンサーと、井ノ原快彦《いのはらよしひこ》さんが司会をされていました。わたしの話す部分は台本もありカンペも用意してくださるというので、安心してそのつもりで参加。ADさんが広げる大きなカンペを読めば大丈夫！　安心！　ところがリハーサル中のことでした。有働さんがひとこと、

「Emiさん、カンペ読まないで、自分の言葉でしゃべってみてください！」

ドキーーーーッ！　優しいお顔の奥に、プロとしての魂を感じる一言。その言葉で気持ちを切り替えさせていただき、要点を整理して、カンペを読まずにとにかく自分の言葉で、出演者の方と会話するように話すように。

それまでのわたしはというと、先のはじめてのレッスンでも、最初から最後まで文言をバッチリ準備して、カンペも用意して、重要なところは線を引いて臨んでいました。

それをすると確かに安心なんですけれど、用意をしすぎて、紙を見て話してしまうことがすごく多くなるんですよね。すると、やっぱり誰かの心には響かない。とにかくその日から、レッスンでも講演会でも、台本を用意しすぎない、流れだけつかむ！　ようにしました。

そしてもう1つは、「話せることは自分の頭と心にあることだけ」と覚悟を決める、です。

あれから長い時間がたち、もちろん事前に構成はしっかり練りますが、当日はもうメモさえも用意していなくて、ノーカンペなんです。
そうなると、手元に紙もパソコンもないので、目の前にいるお客様や聞いてくださる方の反応に集中できるようになるんですね。すると、あ、この言葉ってすごく響いてるなとか、これは皆さん知らない言葉だったんだ、じゃ、もう1回繰り返し説明しながら話そう、という感じで、目の前の人が求めてくださっていることに、全力集中できるようになりました。それまでは、紙に書いてあることを読もうとするあまり、そちらに集中して、目の前の方の反応に気づけなかった気がします。

結局、誰かの心に響くことは、自分が熱量を持って話すことができるものだけ。そうなると自分自身が紙を読まなくては話せないことではなくて、自分の経験と結びついた話、その場の空気にアンテナをはってこれだ！　と自分の頭から出るものしかないのでは、と思うようになったのです。どこかから借りてきた言葉とか、何かの本を参考にした言葉、それも1つかもしれないんですけど、それが自分に腹落ちしてないと、誰の心にも響かないと思っています。

最後にもう1つ。身振り、手振り、芸能人の皆さんのテレビの〝ワイプ〟を参考にする！　あのテレビの右下の小さな画面の中で、記憶に残る人とそうでない人がいるなあと。それはきっとすこし大げさに手をたたいてみたり、頷《うなず》いてみたりしている方！

実際に誰かの目の前で話すときはもちろん、とくに最近はコロナ禍で増えたオンライン会議などでは大事ですよね。身振り手振りを少し大げさにすることで、相手により気持ちが伝わるし、記憶にも残ります。

わたしは自分のオンラインレッスンでは、自分はもちろん、参加者がお話しされるときも頷きを大きくして、聞いていますよ～をアピールするようにしています。話すほうも聞くほうもお互いに空気を作っていくことが大事。自分の緊張をとくためにも、他の方が話されるときに積極的に空気作りをする大切さもあるのだなと感じています。

22

Brightening your life

モヤモヤ……の「モヤ」の入り口を見かけたら

数ヶ月に一度、なんだか無性にモヤモヤ……そういうタイミングが訪れます。友達と話しても、楽しくお酒を飲んでも晴れないこのモヤモヤ……。そういうときの解決法の１つがこれ。モノの整理！　目の前にあるモノを整理すると、心が晴れる。わたしの場合はシンプルにそうなんです。

このモヤモヤの入り口を放っておくと、深みにはまって、気づけばどっぷり沼にはまりがち。最初のモヤくらいで気づいて、整理する。これがわたしには合っているようです。

とある日、いつもの「モヤ」がやってきました。ちょっとこれは深そうな入り口であるような気がします。今日は、いつもはめったに開けない場所の整理をしようと、結婚式グッズをまとめておいた箱を取り出してきました。結婚して16年。これまでも引っ越しやリフォームのタイミングで整理してきてはいたものの、大きな箱１つ分を保管していました。久々に開けると……、

- 芳名帳
- ヘッドアクセサリー
- いただいた電報の中身
- 自作の結婚式パンフレット
- 友達がつくってくれたアルバム

などなど。見返すだけで初心を思い出させてくれるものもあれば、パールやお花がたくさんあしらわれたヘッドアクセサリーなどは、16年も経つと残念なことに黄ばみが……！

たった数年前は、ずっと置いておきたいと心から思っていたのに急に、この先何十年もこの形で置いておかなくてもいいかな、と感じたんです。そこで、パーツを分解して、大きなパールを丁寧に取りはずし、娘が使うヘアアクセにアレンジ。

さらに自作の結婚式パンフレットは、当時、ふたりで喧嘩しながら一生懸命つくったものであったこともあり、数十部は残しておいたんですね。でも久しぶりに見てみたら、その数十部を保管しておかなくても、一部だけあれば十分！　16年という月日が経って、そのころよりもずっとずっと家族の大切にしたい思い出が増えているな～と。

芳名帳は、外側のカバーを処分して、中身だけ大切に置いておくことにしました。

1つの箱の中で、ぎゅーぎゅーに押し込められていた、結婚式グッズ。すっきりしてゆったり空間もできて、心なしか気持ち良さそうに入っているようにも見えます。

ふと気づくと……、

「あれ!? あの〝モヤ〟の入り口はどこに行った？」

手を動かして整理して、気持ちのいい空気が流れたら、自分の気持ちも軽くなっています。そうそう、これこれ、この入り口で気づいてやるのが肝心！

日々の暮らしのなかで、モヤの入り口に入りかけたら、どこか1つだけ整理してみる。今までも何度も見直したし、もうやる必要ないかな、と思っていた場所でさえも、その日の気持ちはその日にしかないから、ぜひ！

23

Brightening your life

仕事がデキる人を見かけたら、子どもと深掘りしてシェア

近所に行列のできる〝たい焼きやさん〟があります。わたしは行列ほど苦手なものはなくて、遊園地もごはんやさんもできるだけ並ばないように、時間を調整してみたり、そもそも行かない選択をするのですが、ここのたい焼きだけは、並んでも食べたい！　と思うお店。たい焼きと一口に言っても、クロワッサンの皮のタイプ、それも中は、あんこ、クリーム、抹茶、時には栗、と種類もそれぞれ。

ある日、娘とその行列に並び、いつものようにおしゃべりをしながら待っていると、あれ？　いつもより列の進むスピードが速く感じます。よ〜〜く観察すると、20代前半のア

ルバイトの女性が、ひとりのお客さんの注文の品を手元で準備しながら、次のお客さんの注文を聞いています。たい焼きの種類によって、入れる袋が違うのですが、注文をとりながらまず袋を先に準備、そうしてあとは入れるだけの状態をつくっています。

ひゃ〜〜、なんてデキる店員さん！　一気に2つのことを同時にこなしています。娘にも見てほしい！　そう思って横を向くと、彼女もまったく同じことを考えていた、そんな顔で、お互いパチパチパチとまばたきをして、目配せ。ふたりでその店員さんの名札もチェック！

お店を出てから、その〝吉田さん〟の何がすごかったかを語り合いました。すると娘は「お母さん、あの吉田さん、ＯＵＲＨＯＭＥに採用したいって思ったんじゃない？」と。さすが娘、わたしのことをよくわかっています（苦笑）。

こんなふうに、街で見かけた、できる店員さんを家族でシェアすることがよくあります。ただ「すごい」のではなく、どう「すごいか？」を話すように。今回の吉田さんの場合は、同じ時間で他の人の倍、注文を受け、流れを進めることができるというのは、お客様をお待たせしないこと、さらに、他の人の倍の売り上げをつくれるということ。しかも雑ではなく丁寧に。

速く処理をするのがいい、というわけではありません。時間をかけた接客ですばらしいなと感じることもあります。たとえば、何度か通うお店でわたしたちのことを覚えて話しかけてくれる店員さんの記憶力がすばらしいね！　と話すことも。

また、残念な店員さんに会うときも深掘り。あるときファーストフード店の混み合った客席で、エリアマネージャーらしき上司の方と、その店の店長さんが売り上げや休日の客足について資料を見ながら話していたんです。しかも強い口調で。家族で美味しく食べようとしていたまさにそのとき。とっても残念な気持ちでした。帰りながら、何が嫌だったかを深掘り。子どもにもどう感じたかを聞きます。英語や数学の勉強のあれこれは教えてあげられないけれど、こういう暮らしのなかの深掘りシェアこそ、わたしの得意ジャンル。

「お客様のお名前をできるだけ覚える」「お客様の前で、してはいけないことを見極める」など、日々の暮らしのなかに子どもに伝えたい、宝の山がたくさん隠れています。いずれ子どもたちがアルバイトをはじめたとき、就職したとき、いや、むしろ学校生活のなかにも生かせることがたくさん！

そして、子どものため、と見せかけて、40歳のわたしにも勉強になることが世の中には当たり前ですがたくさん！　親子で「深掘りシェア」これからも続けていきたいことの1つです。

24

Brightening your life

ほ・め・て！　は大事

おばあちゃん子であったわたし。実家は、祖父母と父母が営む小さな家族経営の会社でした。おばあちゃんの会社の机の上に、わたしが描いた絵手紙を置いておくと、翌朝必ずお返事が届きます。そのやりとりが大好きだったわたし。新聞広告の裏紙や伝票の裏に書いた手紙は、いまだに大切にとってあります。ふと見返すと、

「おばあちゃんへ　じょうずにかけたから、１００てんってかいてください　えみより」

5歳のころのわたし、自分で言う！（笑）。あれから35年が経ちましたが、基本的にはなにも変わっていなくて、ほめてほしいな〜っていうときは、素直に自分から言うようにしています。

たとえば、出張に行って夜中に疲れて帰ってきて、翌朝子どものお弁当とお昼ごはんを用意してから出社するとき。

「なあなあ、お母さんってすごくない⁉　もしかしたら天才かもしれない！」

ときには、オリジナルでつくった「ほめて」のＬＩＮＥスタンプを家族グループにおくったりも。

毎月締めきりの原稿を、短時間で納得いくものが書きあがったとき、スタッフの前で、

「あの〜〜〜連載原稿が……、か・け・ま・し・た！」

ちょっとの間をおいて、ほめてもらうタイミングをつくる（笑）。

自分で自分をほめるのはもちろんだけれど、やっぱり人にほめてもらうって素直にうれ

しい。

疲れているな、イライラするな、わたしこんなにがんばってるのにな、って、頭のなかでぐるぐる考えている間に、ちょっとだけ声に出してみるのがよいのかも。

わたしに似たのか、子どもたちも、「わたしさ、朝練行って、授業受けて、夕練して、塾行って、すごくない？」と言ってくるようになりました。うんうん、みんなほんとうに天才だと思う！

ほめて、と素直に言えるのも大事だし、ほめてって言われたときに、素直にほめる、も大事。

25

Brightening your life

また会いたい、話してみたい、それってどんな人？

30代の終わりごろから、あらたな集まりや、今までとは違う友人のつながりができるようになってきました。

きっかけは、子どもたちも大きくなり、自分時間を上手につくれるようになってきたこと、そしてもっと新しいことを知りたくなったわたし自身の気持ちの余裕、もあるでしょうか。

ある日、料理家であり大学時代からの友人が、「アトリエでごはん会をするから、Emiちゃんこない？」と誘ってくれました。そこにいたのは、ヘアメイクさん、雑誌のライターさん、そして以前から友達の美容師。昔のわたしならそんなキラキラしたイメージの集まりはすこし怖くって、警戒していたような集まり。

生まれも育ちもずっと同じ場所であるわたしは、学生時代からの幼なじみや、大学の友人の集まり、家族ぐるみの友達関係ですっかり満足していて、それまでは新しい出会いを欲していなかったのかもしれません。

でも、その集まりはとてもとても面白く勉強にもなり、また会いたいな！　と素直に思える会でした。思えば、昔からの友達、新しく出会った友達にかかわらず、自分自身がまた会いたい！　と思う人には新旧問わず、共通点があるのではないかと思うようになったのです。そこで深掘り。わたしが面白いと感じる人やグループの特徴を3つ、考えてみました。

1つ目は、「誰かの噂話じゃなくて、本質の話ができる人」。

何人か集まると誰かの噂話になることってありますよね。わたしも会社員だった20代のころはお昼休みにそういう時間もあって、ずーっと誰かの噂話を聞いているのがしんどかった時期がありました。そういうときは「へ〜！　それでそれで？」とは聞かずに「そうなんですね〜」と右から左に流していたら、自然と誘われなくなり、本当に〝面白い〟話ができる人同士で集まれるようになってきたと感じます。

まさにそのごはん会も、誰かの噂話じゃなくて、本質の話ができる会。それぞれの今の仕事の面白さ、どうしてヘアメイクの道を目指したのか、40代からファッションライターの道に進んだのはどうしてだったのか、今まで出会ってきた素敵な人の特徴、これからやりたいこと、人生で辛かったけれどそれを乗り越えた話。

わたしは、仕事をしている人が素晴らしい人だと思っているわけではないんです。主婦であっても、仕事をしている、していないにかかわらず、そこに対して自分の誇りを感じていたり、悩んでいたとしても、真剣に向き合っているからこその悩みというのはとても魅力的！　そういった話ができる人たちとは自然と長いつきあいになっていくのだなと感じています。

そして、2つ目は、「自分の感じていること、やっていることを上手に言語化できる人」。

これが意外と難しいんですが、これができていると誰にとっても良いことばかりだと思うんです。

たとえば、ある人が、「わたしはこういう思いでいるよ、今こんなこと考えているよ」をちゃんと言葉にすると、自然とほかの人が、それってこんなこともできるんじゃない？　わたしはこうしてきたよ〜なんて、どんどん話がふくらんで面白くなっていくんです。

料理家の友達は、「パパッとできて手軽な〝映《ば》える料理〟もすごいと思うけど、わたしはそれは嫌いなんだよね」とはっきり言ったんです！　それをはっきり言えるというのは、たぶん自分自身の作り方に自信があるのだと。その日も、彼女がレッスンで教えているという手作りのウスターソースをかけたお料理を出してくれました（わたし、家でウスターソースを作れるという発想さえなかった！）。その1つのソースを作るまでに、試作を何度も何度も繰り返しているそうで、そのかけた時間や情熱なども含めて、自信があるからこそ、そうはっきりと言えるんですよね。

それを聞いたわたしは、それって片づけや収納も同じだよ、見た目の映える収納テクニックは、一見便利そうだけれど、本質的には解決していないことも多い。自分の伝えていきたいことは、便利グッズの紹介ではなくて、考え方なんだ！　と話が広がります。

最後、3つ目は、「常に変わろうとしている人」です。

もちろん仕事もプライベートも。それは自分自身が変わらず大事にしたい部分を見つけたうえで、進化していきたいこと、取り入れたいことを探し続けている人。

仕事の面はもちろんですが、たとえば、学生時代から仲が良く、今は専業主婦の友達は、某アイドルグループにどっぷりはまっています。いつもその話をするときは目をキラキラさせている！　わたしはその姿を見るのがすごく好きなんですよね（ブロマイドを買いにいくのが至福の時間だそう）。暮らしの中に楽しみを見つけて、これでもか！　ってくらいに楽しそうに話してくれるんです。アイドル情報はどんどん進化していくし、SNS上の友達関係もできていると！　それを聞くだけでわたしには刺激になるし、自分もこんなに楽しめることを見つけたい！　って。

もちろん仕事上では、たとえば先の集まりでは、美容業界も料理業界も、求められることが時代によって変わっていきます。自分たちの軸は大事にしつつも、新しいことを毛嫌いしないでどんどん取り入れていく友人たちの姿は、わたしにとってすごく大切な存在です。

面白い、また会いたい！　とわたしが思える人はこんな人です、と書きながら、そう、わたし自身がずっとこうあり続けたい、と思っているんだなと。

魅力的な面白い人に会いたい！　と思うなら、自分もそうでなければ誘われなくなってしまうかも⁉

10年後、50歳になったときに、そんな人に囲まれて過ごせるように、自分も意識していきたい３つのこと、でした。

26

Brightening your life

アピールしながら仕事をするって、めっちゃ大事、という話

「アピールしながら仕事をする！」と聞くと、人より目立とうとして嫌な感じがしないかなとか、もっと評価してください！　といやらしい空気にならないかな、そんなイメージがありました。

でも今、経営者としてスタッフとともに働く身として、「シンプルな仕事のアピールは、大大大歓迎！」とみんなに伝えています。

とはいえ、なかなかこれが難しい。みんなとても謙虚で、わたしなんかがアピールなん

ぞ……ともぞもぞ。うんうん、よくわかります。

わたしも、社会人になりたてのころ、まさに同じ気持ちでした。当時、企画職として配属された部署で、上司に頭をガーンと殴られたような一言を言われたんです。

「企画の打ち合わせは、部長の前の席でアピールしながらしろ！」

たしかに部長の前には、丸いテーブルがいくつか並び、打ち合わせスペースになっています。でもそんな目の前で、中途半端な段階の企画を聞かれてしまうのも恥ずかしいし、もっと完璧になってから……。さらにほかの同僚の目も気になります。

でもその上司は、今自分が何をしていて、どんなことに興味があって、今どこまで進んでいるのかというのをもっとアピールしなさい、と教えてくれたんです。

それはたとえば部長にこの企画見てくださいって言いに行くわけではなくて、その横でさりげなく打ち合わせをするだけで、みんなが聞いてくれているよということ。自分の中で仕事を抱えていて、こんなに大変だということも言わなきゃわからないし、ちゃんと伝えないとわからないよということを言われました。

そうそう、同じ年に新卒で別の会社に入社した夫も、まったく同じことを言われたそうです。「社内で取引先に電話をするときは、おっきな声で電話をしろ！」と。つまり、社内のメンバーに聞こえるように、今こういった取引先と仕事をしている、自分は今こんな担当があって、こういうことで困っているということも、電話をしながら、その周りにいる人に伝えることができる。これって自分の評価を上げてくださいとか、そういった意味のアピールではなくて、今こういう状態です、ということをシンプルに周りに知ってもらうということなんですよね。

わたしの話に戻すと、たとえばその部長の前のスペースで打ち合わせをして、今こんなことに困っていると話していると、部長が横から、「こんなんどう？」というふうにちょっと声をかけてくださったりとか。もちろん、部長ではなくても、その周りの席にいる他の同僚から、「それを企画してるんだったら、こんな取引先もあるよ」と教えてもらえたりとか、とにかくいい情報が集まってくるように、そして困ったときには助けていただけるようになりました。

自分がやっている仕事を周りに言わないことって意外と多いと思います。とくに今は、パソコンに向かって仕事をする機会が増えて、もうその中で全部完結して、隣にいる方が何をしているかさえも知らないっていうことって、多いんじゃないでしょうか。

でも、ちょっとした雑談だったりとか、電話をするタイミングとかで、こういうことをしてるよとさりげなくそしてシンプルにアピールすることは、自分にとっても良いことがあるし、お相手にとっても新しい気づきがあったりします。それがひいては会社にとって、新しい仕事が生まれたり、その企画がもっと面白くなって、お客様に還元できるというようなこともあるかもしれません。

その仕事の仕方を見ていて、上司が、あ、この子はもしかしたらこういうことにもっと向いてるかもな、という気づきにつながったりもします。まさに今、わたしは経営者という立場で、シンプルにアピールしてくれるスタッフはとても助かります！　もちろん、気づこうと努力はしているし、本人さえも気づかないことを気づいてあげられたらベストなのですが、それがなかなか難しい。

「先日のイベントで気がついたことリストにまとめてみました！」

「今日、お客様から私宛てにお手紙いただいちゃいました！」

そういったさりげないアピールは、お！　よく気がつく子だな、今度別のイベント任せてみよう、接客上手で信頼されるタイプなんだね、と気づくことができ、良い影響がたくさん！

これってまさに家庭でも同じく。今日はこんな仕事をがんばってきたよ、と家族に伝える。もしくは、みんなが寝ている間に、ゴミまとめて出しておいたんだ〜も然《しか》り。今日は珍しく2階の窓ふきをしてみた、なんかもそう。シンプルに伝えないとわからないし、気づきませんよね。

せっかくなら自分だけのものにしないで、シンプルにアピールする。それによって家族がほめてくれて、自己肯定感につながるかもしれないし、もしくは、これ手伝おうかって気づいてくれるきっかけになるかもしれません。

シンプルにアピール、はとっても大事！

猫だって、甘えたいときはちゃんとアピールする。ここにいるときは、撫で撫でしてね、の合図。

思い立ってソファーの位置を壁づけへ。模様替えは頻繁に。
ちょっと変えるだけで、家の空気が変わる。

白くてまっすぐなキッチン。普遍的な、何年経ってもきっと変わらない、安定の好き。

窓は洗剤を使わず、水とスクイージ、それからマイクロファイバーで拭き上げる。

窓越しの空。ピカピカで真っ青で気持ちいい。

ゴミぶくろを外に見せない工夫。クリアファイルを内側にいれて。小さな工夫を実践するのが何よりも好き。

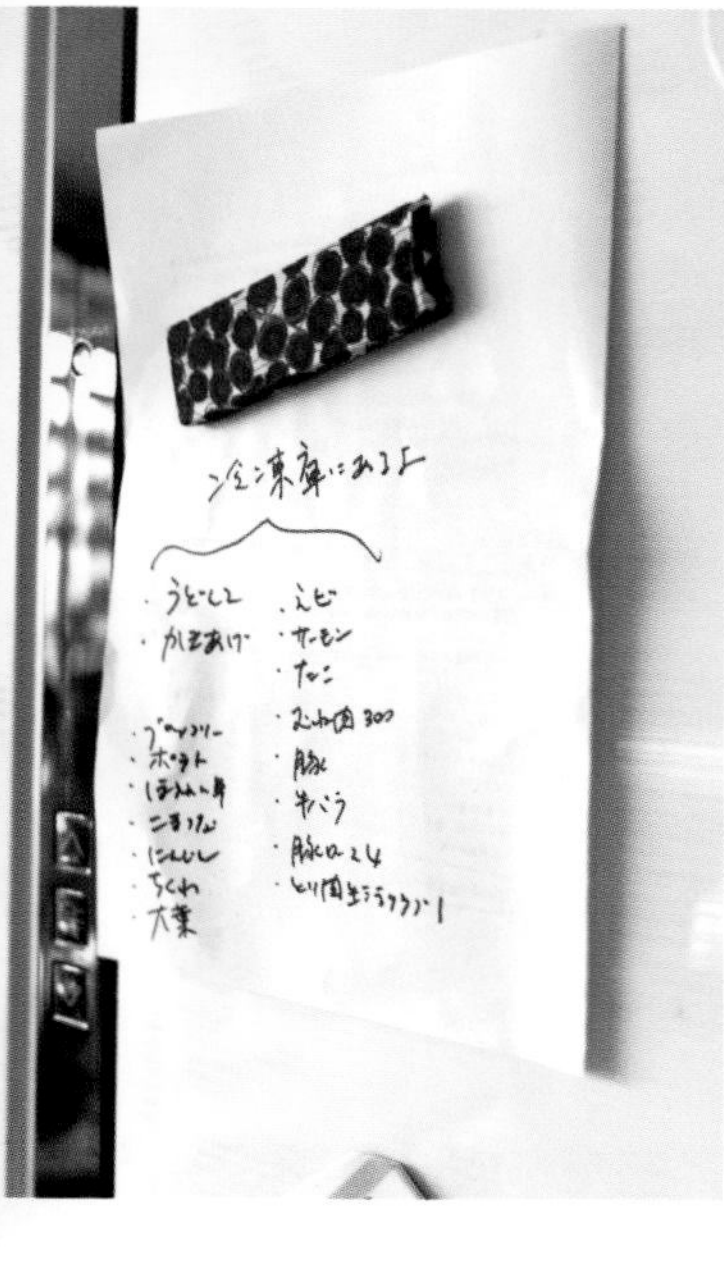

冷凍庫がパンパンになってきた。あるものを書き出して家族に知らせる。

18年間72冊続けているマイノート 。心が動いたことをメモ。

好きな服がピンとこなくなったら、雑誌を切り貼り。"今"好きな方向が見えてくる。

ネイルは欠かさず。手元がきれいだと、わたしの気持ちがとても落ち着く。

5本指靴下はじめました。靴下の中に仕込んではいています。踏ん張れる、そしてあったかい。

ボーダーは同じでも、水色のパンツやカラフルなバッグで、気持ちを上げて。明るい色は元気をくれる。

リビング。やっぱりここが
いちばん落ち着く。

この書籍の赤字入れ、そして写真選定を
もくもくと。机は散らかり放題。

スタッフと打ち合わせ。ときに爆笑したり、真剣だったり。

カフェのお客さまの注文カードを、消しゴムはんこで手作り。地味な作業もわりと好き。

写真家の中川正子さんに連れて行ってもらった、ちいさな山の頂上で。岩にねっころがる。大地を感じる。

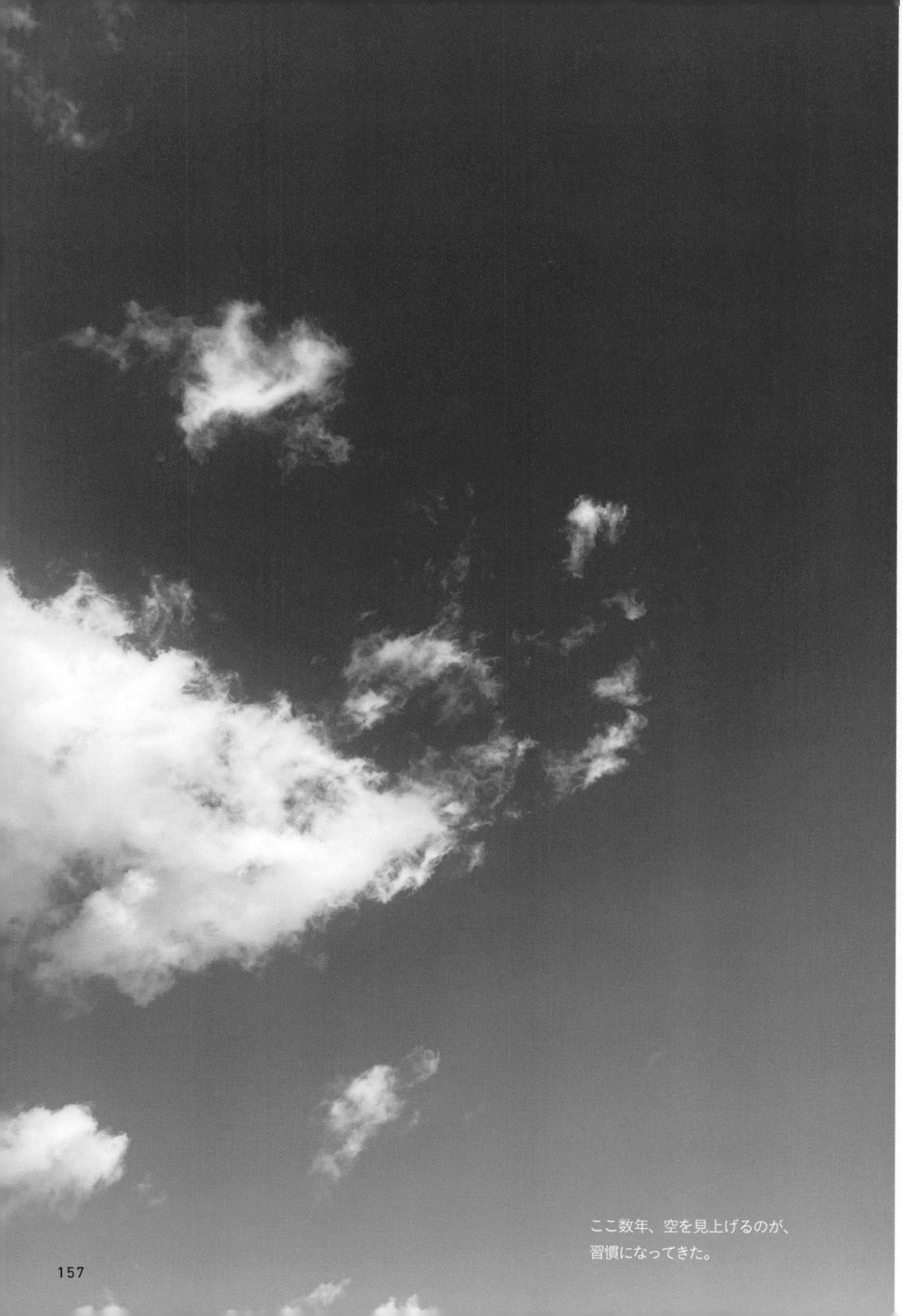

ここ数年、空を見上げるのが、
習慣になってきた。

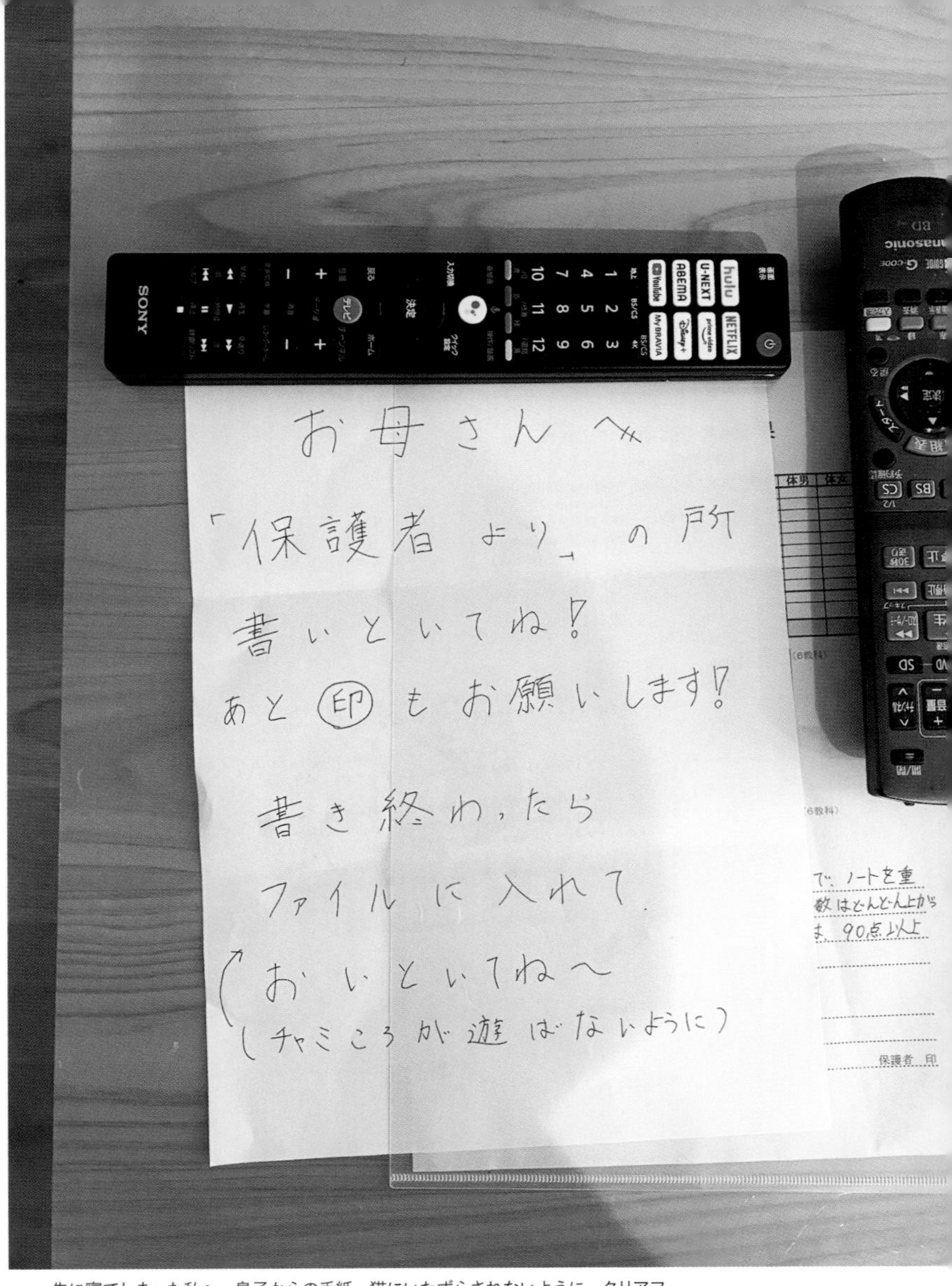

先に寝てしまった私へ、息子からの手紙。猫にいたずらされないように、クリアファイルにいれ、リモコンでピシっと押さえるたあたり、息子の性格がよく出ている。

子どもたちが中学生になり、
夫婦でサクっと飲みに行く
時間がつくれるようになった。
必要な時間。

家族で、天才〜！ほめて〜！と送り合う。素直に言うのがイチバン大事！

ほっと一息、コーヒーで休憩。何を飲み、どんな器を選ぶかも、こころの真ん中に聞く。

27

Brightening your life

40歳にして「朝時間の使い方」が変わった

40歳。今までの自分では「絶対に無理だ」とあきらめていたことが、少しずつできるようになっていて、自分でもびっくりしています。その1つが、「朝7時から仕事をスタートすること」。

わたしは長年のロングスリーパー。21時に寝て6時に起きるという、驚異の9時間睡眠の人！　そのくらい寝ないと日中の体力が持たない、とずーっとその生活を続けていました。朝に家事を集中させ、仕事開始は8時半。

ところが子どもたちが中学生になり、夜は塾やサッカースクールの帰りが22時。娘は、朝5時半起きで朝練。わたしだけのんびり寝ているわけにもいかず、どんどん生活サイクルが変わり始めました。

最初は体が慣れるのに時間がかかり、23時に就寝すれば翌日お昼ごろ会社で睡魔が襲ってくる……そんなことも（苦笑）。半年経って体がずいぶんと慣れてきたころ、ちょうどわたしの仕事が忙しくなってきました。まさに、「この本の原稿を書く時間をどうにか捻出したい！」。

わたしの周りの、ライターさんや編集さん、そして仕事のできる方を思い浮かべると、みなさん「朝型生活」、それも、世の中が動き始める前、朝いちばんに、

- 原稿を書く
- ラジオの収録
- 新企画の構想を練る

など、「朝早めに、自分にとって大切な仕事をしている」そんなイメージだったんです。わたしはといえば、日中はスタッフとのやりとりや取引先様とのやりとりなど、すでに進んでいる仕事のキャッチボールが中心。いわゆる自分から時間を追いかける、「急ぎでないけれど、これからにとって大切な仕事」は、スタッフが帰宅後、夕方の時間にすることが多くなっていました。でも、日によってその時間がとれないこともしばしば……。

よし、40歳。このキリのいいタイミングに、わたしも「朝早めに仕事をする生活」をはじめてみたい！　まずは家族に相談。

「あのさ、お母さん、原稿を書く仕事の時間を朝にどうしてもつくりたいんよ。まずは1ヶ月だけ試してみたい。今までやってた家事をできるだけ夜にするのと、みんなにもあれとこれを協力してほしいねん」

そもそも家事を超シンプルにしてきたこと、家族みんなで家事、を心がけてきた成果がここにあらわれたのか、夫は「オッケー！　洗濯干すわ」。子どもたちも二つ返事で「いいよ〜〜。お母さんがんばれ〜〜」と！（拍子抜け）。

みんなにそう言われると、もうやるっきゃない！　後には引けません。


5時半に起きて、立ったままメイク、少しの家事と身支度をしたら猛ダッシュで出勤！

7時から原稿を書く生活がはじまりました。

わかってはいたけれど、6時台の朝の空気はひんやりと、そして透明、クリア、という言葉がぴったりです。出勤するまわりの方を観察しても、歩調もこころなしかゆっくり、余裕があるように見えます。


朝仕事生活、まずは3日、その次は1週間、2週間……。朝の2時間で集中して原稿を書く生活は、思ったより楽しく、想像以上にはかどり、何より「朝、原稿を書けたわたし、もうすでに大きな仕事を１つ終えたわたし」の気分が、１日のテンションを変えてくれることがわかりました。

本当言うと、朝起きて二度寝しちゃいたい！　もう今日はサボりたい！　そんな日もあるのですが、まずは１ヶ月、本当に続けることができました。40歳。自分で自分をほめたい！（笑）。そして家族に感謝したい。

当たり前だけれど、24時間はみんな平等に与えられるもの。

「わたしはロングスリーパーだから」
「子どもたちが小さいから」
「朝早く仕事するなんて、特別な人しかできないはず」

そんな思い込みの枠をはずして、まずは宣言して、ちょっとだけスタートしてみた。そうしたら、大げさかもしれないけれど、人生の大きな転換期になったのでは？　と思うほど。この朝の、時間を追いかける2時間は、わたしだけではなく、家族にとっても（家事力・自立力アップ）、会社にとっても（新しい仕事が生まれるかも！）、良い影響があるのではないかと思っています。

28

Brightening your life

「自分には難しいこと」をうまく続けるための3つの工夫

朝仕事生活がはじまって1ヶ月が過ぎました。わたし的に「早朝仕事」のつもりだった7時から原稿を書く生活を友人に話すと、

「いや、ぜんぜん早朝じゃないやん。5時台とかに仕事をしている人が、朝仕事っていうのよ」

と言われ、

「はっ!!!! た……たしかに!」と急に恥ずかしくなりました(笑)。うん、でもわ

たし的には大きな変化。7時スタートでも人生が大きく変わった！

自分なりに、続けることができた理由を深掘りしてみました。

1つ目は「家族や周りに宣言したこと」。

まずは家族に、そしてインスタやラジオ（Voicy）で読者さんやリスナーさんに向けて、「わたし、今日から朝仕事はじめます！」と見切り発車で宣言しました。宣言して自らを追い込む！　これが、1週間こっそりやってみてから……ではわたしの場合、自分にゆるく、あきらめてしまいそうだったので、まずは宣言。

さらに、毎朝インスタグラムのストーリーズで、朝日やコーヒー、原稿を書いているところなど「リアルな朝」をちょっとずつアップ。皆さんのため、というより完全に自分のため、記録のために続けています。

2つ目は「朝仕事のセットを、前日からまとめておくこと」。

たとえばわたしの場合、パソコンと翌朝書く原稿の資料などを、朝すぐに取りかかれるようベストな場所にまとめておく。また、翌朝着る服も、前日からセット（小学生以来やっていませんでした！）、これをやっておくだけで、ちょっとおっくうな朝も、仕掛かり準備があることで、エイッとスタートすることができました。

ウォーキングする方だったら、ウェアを枕元に置いておく、靴は玄関に並べておく、お弁当を朝につくる必要がある日は、前日にお弁当箱をキッチンに出しておくだけでもずいぶん違うかもしれません。

3つ目は「重たい原稿と、軽い原稿を組み合わせること」。

わたしは朝の2時間を原稿を書くことに使っているので、頭をうーんと使って書き上げるいわゆる「重たいタイプ」のものと、さくっと書きやすい「軽めのタイプ」を合わせて2本書くとうまくいく、ということがわかってきました。

わたしのような仕事でなくても、たとえば、ウォーキングはちょっと大変そうなアップダウンのある道と、最後には軽めの道を組み合わせる、とか。英語の勉強などもちょっと耳がしんどい難しい英語を聞いて、その後は軽めの聞きやすいものを聞くとか。「重い＋軽い」の組み合わせで、2時間の集中がわたしの場合はうまく続くような感じがしました。

40歳にして、難しいだろうなと思っていた「朝仕事」がうまくまわりはじめたことは自信をくれました。うまくいった方式の深掘りをストックしておくと、これから、難しそうだけれどやってみたいこと、にも応用できそうです。

29

Brightening your life

毎日を〝なんとなく〟じゃなく〝能動的に〟過ごすほうを選ぶ

先にも書きましたが、双子が小さかったころからつい最近まで、夜は21時に寝て、朝はだいたい6時に起きる、という生活でした。つまり毎日9時間のロングスリーパー！　ところが子どもたちの中学入学を機にガラッと生活のリズムが変わり、塾やサッカーを終えた子どもたちは夜の22時ころに帰宅する日がほとんど！　今まではわたしが寝ていた時間に帰ってくることに……！

そんなとき、こんなご質問をいただきました。

「自分の体調管理のために早く寝たい気持ちがあるものの、夫が仕事で遅く帰るときなどは、先に休むことを申し訳なく思ってしまい、なんとなく就寝時間が後ろ倒しになってしまいます。理想の生活リズムと、家族のペースをうまく合わせていくには、どうしたらいいでしょうか」

正直、同じくわたしも、明日のために早く寝たい気持ちがあるものの、中学生活がはじまってがんばっているふたりを応援したい気持ちが今は勝っています。帰ってきてごはんを食べる二人の横で、1日の話を聞くのが、睡眠時間の確保より大事なことだと思ってそうしています。ただし「今は」(笑)。もうすこし時間が経ち、慣れてくると、3日に1回は、ごはんあたためて食べてね～、の日も出てくるかも⁉

いただいた言葉の中に、「先に休むことを申し訳なく思ってしまい、なんとなく就寝時間が後ろ倒しになってしまいます」とあります。ポイントはこの、〝なんとなく〟にあると考えてみました。

「本当は早く寝たいのに嫌だなー」と思いながら、〝なんとなく〟ずるずる時間を過ごすのと、「わたし自身が、子どもがごはんを食べている横で話を聞きたいから」「夫と週に1度は話す時間を作りたいから」と、自分で能動的に選んで起きているのとでは、気持ちが全然違うような気がしませんか？　同じように22時に寝たとしても、ストレスの感じ方も、疲れの取れ方も変わってくるのではないかな、と思うんですよね。

大切なのは、自分で能動的に選ぶこと。ご質問くださった方も、自分の理想の生活リズムか家族の予定やペースかで白黒つけるのではなく、1週間のなかで「この日は家族に合わせよう」「この日は自分のペースで過ごさせてね」とグレーな感じも持ちつつ、〝ちょうどいいところ〟を自分で能動的に選んで進めていかれるとよいのかもしれません。

ちなみにわたしももちろん、ダラダラする日はちゃんとあるんです。でも〝なんとなく〟ダラダラするというよりは、「今日はダラダラする！」と決めてから！　たとえば、日曜日に「何もしないまま、あっという間に夕方になっちゃった〜」と思うのと、「今日は昼間からビール飲んじゃう！　昼寝もしちゃう！」みたいに決めて過ごすのとでは、やっぱり気持ちが全然違うんですよね。

「自分で〝能動的に〟選んで過ごせた」って思うと、時間を有効に使えたようで気分爽快。そんなふうにごきげんでいられる日が、人生の中にたくさんあればいいな、と思っています。

30

Brightening your life

まるで、会ってる気にさせちゃうコミュニケーション!?

「今年の春、新人が４人入ってきてさ〜」

いわゆるバリバリのキャリアウーマンである友人と、久しぶりのランチでの会話。

若手の新人の話となると、だいたいは、わたしたちの世代とは感覚が違うとか、指導が難しいとか、コロナで飲みニケーションが減って踏み込めない、などが一般的。そういう話かと思ったらどうやら違うようです。

「実は、新人４人を育てることがうまくいってる！」と。これは興味津々！　しかも彼女の会社はリモートワークが進み、普段から出社は週に1度ほど。リアルに顔を合わせる機会が少ない中うまくいってるなんて！

どうやらとある法則を、新人指導に取り入れているということ。それが「ザイアンスの法則」。一般的にはマーケティングに使われる法則だそうで、シンプルに、見る回数、会う回数など単純接触の頻度を増やすことによって、安心安全の効果が得られると。

リモートワークでもそれを応用して、

- 毎日15分、新人4人とオンラインでつなぐ
- あえて、目的を持たずに集まる
- 何を聞いても質問してもＯＫ

つまり目的はなく、とにかく毎日15分何か話すというのを毎日毎日繰り返し続けていくことで、顔を見て安心できて、ここは安心な場所だよとか、仲間だよとか一緒にがんばろうというような効果が現れるらしいです。なるほどたしかに、オンラインでも孤独を感じ

ずに、質問しやすい雰囲気があると、困ったときや辛いときにも気軽に相談しやすいですよね。

ふと自分の組織、OURHOMEにあてはめて考えてみると……。毎年たくさんスタッフが入ってくれて、今、26名のスタッフと代表とわたしの組織です。実はオフィスの場所が、近い距離とはいえ5ヶ所に分かれています。創立当初は1つの場所でみんなの顔を見て仕事ができていたのですが、今は離れて仕事をするスタイルなんです。

でも、離れているけれども離れている感じがしない。実際には会っていなくとも会っている気がする。振り返ってみると、その「ザイアンスの法則」を自然にやっていたのではないかと思うことが3つありました。

1つ目がオンラインで毎朝朝礼をしていること。離れた場所にいるけれど、オンラインでみんなつなぎ、毎朝9時半に朝礼をします。今日やることをそれぞれ宣言！　今日の服装3人かぶってるね〜とか、あれ、髪切った？　とか、そんなことが一緒の空間にいなくても感じられます。

2つ目が、社内のコミュニケーションツール、LINEワークスで毎日、それぞれのチームが仕事をしている様子をシェアしています。たとえば、お届けチームは今日、新作ウェアがたくさん納品されました〜！　とダンボールを運んでいる様子とか、企画チームは今日こんな撮影してま〜す、めっちゃいい写真撮れました〜！　と、写真を送り合っているんです。だから、自分はその場にいなくても、そこにいるかのような雰囲気を感じられるのかもしれません。

3つ目がOURHOMEはインスタをほぼ毎日こまかく更新。そこにわたしも含めてスタッフがいっぱい登場するんです。もちろんお客様のため、なのですが、気づけば社内スタッフもそれを見ることによって、何度も顔を合わせているような安心感が生まれているのかも！

リモートワークだから、なかなか集まる機会がないから、コミュニケーションがとれないから仕事がうまくいかない……。ではなくて、「会ってる気にさせちゃうコミュニケーション！」も1つ、ですね！

これって家族も同じかもしれません。帰宅の遅いパパと子どもとのコミュニケーションも、写真を家の壁にたくさん飾っておく、お風呂にも貼って一緒に入ってる気にさせちゃうとか⁉

わたしは最近、子どもたちが起きてくるより早く出勤することが続いているので、裏紙にマジックで大きくわたしの似顔絵と、今日もいちにちがんばろー！　のメッセージつきでかいて、まるでそこにいるかのような演出をしています（笑）。

仕事も家庭も、ベースにしっかりと安心できる環境を作る。ここは相談できる場所なんだ、新しいことに挑戦しても、怒られたりする環境じゃないんだというベースのコミュニケーション。それさえあれば、大抵のことは解決できるはず！

31

Brightening
your life

40代はツヤ命⁉ 毎日のヘアセット、時短の工夫

40代はツヤ命。雑誌やテレビCMで流れるこの「ツヤ」という文字を見ても若いころはピンとこなかったのに、30代の終わりころから本当に急に、「ツヤ」アンテナがたちはじめました。同じボーダーTシャツを着ても、好きだったリネンのシャツを着ても、なんだか物足りない。

まわりの素敵な方を思い浮かべると、シンプルでたとえ高価なものでなくても、清潔感のあるお洋服と、それに加えて肌と髪のツヤが何より大切なものなのだと気づかされます。どれだけメイクをがんばったとしても、正面や横からしか見えないけれど、髪の毛は

360度どこから見ても目につく、実は一番大事な部分なのかもしれません。

いつからか朝のヘアセットをとにかく大事にするようになりました。いや……、朝というより前日の夜から勝負がはじまります！　これは長年お世話になっている美容室のヘアメイクさんから教えてもらった方法。続けているだけで、こころなしか髪をほめられることが多くなった気がするんです。

まずはお風呂に入る前にブラッシングを何度もして、汚れを浮かすこと。そしてシャンプーをする前によくお湯で予洗いすること。シャンプーとコンディショナーは1回ずつ普通にするだけ。事前のちょっとしたコツで泡立ちはよくなるし、翌朝の触《さわ》り心地がまったく違います。

お風呂から上がったら、できるだけ早く髪を乾かすのが大事。……いや、これができるようになったのはごく最近のこと。双子が小さかったころは、髪なんて乾かさずにタオルでぐるっとまいてハイ終了！　そのまま翌朝を迎える、みたいなことも多々ありました。

でもそれを続けると髪がパサついたり、途中で切れることが続き、やっと髪を大切に、すぐ乾かせるようになりました。

そしてようやく翌朝のヘアセットへ。前日にしっかり乾かしていれば、とにかくスタートダッシュが早い！　ヘアアイロンを160℃にセットして数分待機（そのあいだに洗面台と鏡を掃除するのがルーティン）。以前はヘアアイロンなどは、美容意識が高い人が使うものだし、なかなか上手に使いこなせないだろうというイメージがあったのです。でも練習してコツをつかめば、髪を濡らして乾かして……よりも、こちらのほうが断然早くヘアセットができるし、いい感じに見える！　軽く外ハネにして、ヘアオイルをワンプッシュし、3分ほどで終了！

毎日ヘアアイロンを使うために大事なのが、洗面所でのヘアセットの仕組みづくり。準備するのが楽になるように、コンセントの近くにヘアアイロンを収納する。ヘアオイルやスプレーも、毎日使うものだけを取り出しやすい位置に置く。利き腕でさっととれるところに配置する。蓋をくるくる回すタイプのものは面倒になりがちなので、さっと押せるプッシュタイプのものを選ぶ、など、小さな工夫の積み重ねで、ヘアセットは楽になるはず。

60代、70代と年齢を重ねていって、ツヤのあるグレイヘアも理想です。そのときを迎えるまで、自分の髪を大切にしていきたいなあと思っています。

32

Brightening your life

話したい、聞いてほしい、需要と供給のちょうどいいバランス

2022年のはじめにラジオ放送（Voicy「暮らす働く〝ちょうどいい〟ラジオ」）をはじめてから、コミュニケーションや人間関係のお悩み相談をいただくことが増えてきました。放送をスタートしたころは、片づけや暮らしまわりの質問が多くなるのかなと思いきや、なんと今では95％が人生相談です。

そんなある日、なおさんという方からこんなメッセージをいただきました。

「先日、友人にどうしても指摘しなければならないことがあり、明るく端的に言葉を選んで伝えたつもりです。しかし、仲違《なかたが》いしてしまいました。他の友人からは、『トラブルに首を突っ込みすぎ。なんで、そんなに他人のことが気になるの？』と言われてしまいます。

わたしは、自分が何かを感じてしまったからには、やはり伝えたい。伝えることで、事態が動いた成功体験もたくさんあります。こうした性格を、わたし自身は好きですし、人間の性質というものは、長所にも短所にもなりうると思っています。『思っていても、言えない人が大半だから、尊敬している』と言ってくれる人もいます。しかし、多くの人には首を突っ込みすぎと言われてしまいます。Emiさんは、こうした体験はありますか？」

相手のことを思い、よかれと思って伝えたことが、うまく伝わらず仲違いになってしまったとのこと。これはものすごくシンプルで、「今回の友達への指摘は、そもそも相手に求められていなかった」ということ……。

なおさんはきっと、「伝えたい！」というエネルギーのボールが人より大きいのではないかなと感じました。うーん、同じような性格の人をひとり知っています。わたし、Emiです（苦笑）。

わたしは、良いことを経験したり、良いお店の情報を知ったり、アイデアを思いついたり、そういったときに自分の中でとどめておくことができず、早く誰かに言いたい～！という性格。また良いことばかりではなく、家族や友人への指摘ももちろんすることがあります。それはずっと昔からそう。でも人生を振り返っても、目立ったトラブルはあまり起きてこなかったんです。どうしてそうだったんだろう……と深掘りすると新たな発見がありました。

わたしは結婚したばかりの20代から、趣味のインテリアや片づけ、暮らしのブログを発信しはじめました。ほんの興味本位ではじめたその場所で、自分の好きなもの、思ったことや考えたことを伝えてきました。そうすることによって、それを好きだと思ってくれる人が集まる場所が自然とできていったんです。

それがきっかけで独立し、出版し、今ではブログ、インスタ、ラジオにレッスン。そこに集まってくださる方というのは、わたしの話を聞きたい、とありがたいことに思ってくださることが多いんですよね。なので、伝えたいと思っているわたし、そして聞きたいと思ってくれている方、その需要と供給のバランスが一致しているのだと思うんです。そこで自分もすごく満足させてもらっているんですよね。

で、もし、わたしがこういった場所を持っていなかったとしたら……、間違ったベクトルに向かい、いわゆるちょっとお節介というか、もしかしたら余計なことまで言っていた面が多かったんじゃないかなと。このことを初めて考えました。

なので、そういった「伝えるエネルギーのボール」の大きい人は、仕事を選ぶ場面でも、誰かに何かを伝える仕事を選ぶとよいのかもしれません。たとえば、子どもに勉強や生き方を伝える〝学校の先生〟や、行政の相談員の仕事など、そもそも考えて話すことを求められる、そういった仕事で使えるエネルギーを注ぐ。

仕事ではなくとも、わたしのように自分の話を聞いてくれるようなコミュニティーを自分で作る。たとえば、ＳＮＳなどで好きなことを発信してみるとか。そうすると、それを聞きたい、質問したいと思ってくれる方が集まってきて、自分のことを求めてくれるところでバランスが保てるんじゃないかなと思います。

人間にはいろんなバランスがあって、わたしのように伝えるエネルギーボールが大きくなくても、聞く力が大きい人もおられます（憧れる！）。いずれにしても、自分の特性を知って、それが生かせる場所を進んでいくと、人生をごきげんに過ごしていけるのではないか、なんてことを考えました。

33

Brightening
your life

心がザワザワしたときは、明るい色の服を着て、古いタオルを1枚取り出す

その日は朝から憂鬱なニュースが流れ、気持ちがどんより落ち込んでいた日でした。でも目の前に仕事はあり、自宅撮影の1日のはじまりです。

「ピンポーン」とインターホンが鳴り、モニターに映ったのは、ド派手なピンクの花柄の上下セットアップを着たカメラマンさんの姿！　さらに家の扉を開けたときに見えたのは、蛍光のまばゆいピンクの靴下！

わたしの落ち込んでいた気持ちが一気に変わった瞬間です。

子どもたちが小さかったころは、とにかく時短で早く服を選べるように、ネイビーと白の組み合わせは間違いがないし、ラク！　これがベースであればいいでしょ、と思っていました。でも最近感じるのは、服の色や柄から元気を分けてもらえることができるということ。

どうしようもなく悲しいニュースが続くと、わたしのまわりでも同じように悲しみをダイレクトに受けてしまう方が多くいます。そんな日に、いつも思い出すのはあのカメラマンさんのこと。そうそう、服から元気をもらおう。クローゼットから、黄色いニットや大人ピンクのカーディガンを手にとって。

それでも、それでも心がスッキリしないとき、そんな日は、古いタオルを1枚、掃除用におろします。ぎゅーーーーっと固く絞って、電気のカサや棚の上などから順番に、とにかく何も考えずに無心になって、ただただ家中を古いタオルで拭きあげます（温泉でもらう薄手のタオルがちょうどいい）。最後は床を拭いて気持ちよく処分。目の前の景色はそれほど変わっていなくても、とにかく心がスッキリします。

自分の心が落ち込んだとき、ザワザワするとき、その感情を止めることはしないけれど、深みにはまらずに、上手につきあっていきたいものです。40代になって、自分なりのそのつきあい方を、模索しながらでも見つけておくことが、とても大事だなあと感じています。

34

Brightening your life

与えてもらう喜びを、感じる

「幼稚園教諭をしています。この4月から異動になり、立場は主任。担任生活が終わってしまいました。今後は事務関係で裏方になります。突然の異動に卒園式よりショックで号泣してしまいました。お金関係がとても苦手で、自分に事務関係の仕事ができるか、とても不安ですし、中間管理職として上と下に挟まれることもとても不安なんです。到底定時には仕事が終わらないので、家庭との両立もとても心配しています。不安だらけのこれからをどう乗り越えようか考えるだけで、夜も眠れません」

こんなご相談をいただきました。メールを拝見した瞬間、わ！　ちょっとうらやましい！　と思ったんです。

悩んでおられる方になんとも失礼な話なのですが、30歳で独立して10年が経ち感じる、わたしの素直な気持ちでした。独立してみると、自分自身が選択していかなきゃいけないことばかりで、ラクをしようと思ったらいくらでもラクができるし、自分の得意で好きなことばかりやれてしまいます。自分で自分にプレッシャーをかけるっていうのはなかなか難しく、甘やかしてしまうことがあるんですね。

自分で自分に負荷をかけて、次に成長し、新しい伸びしろを見つけたり、知らない自分の一面を見つけにいくというのは、なかなか難しいことだなと感じています。

だから組織のなかで〝次の場所を与えてもらえる〟というのは、とても喜ばしいことなんじゃないかなと本気で思っているんです。自分自身は気づいてない能力を評価してくれているかもしれないし、今置かれている立場よりあなたは成長するはず！　と応援してくれているのかもしれません。誰かにおすすめされた未知の世界に行って、自分の新しい扉が開く、新しい成長の可能性があるというのは、わたしも体験してみたいなと思います。これは組織を出たからこそ思うことなんですが……。

今経営者として思うのは、スタッフにははじめから無理だと思っていることは、与えません。向いていないとはじめから思うことを与えるなんてそのスタッフ自身にも負担だし、時間もお金も無駄にしてしまいます。なので、できる可能性がある人にしか与えないんです。今はもうこの部分はできているから、次のステップに進むタイミングだよっていうことをこのご相談くださった方の上司も、教えてくれているんじゃないかな、と思います。与えていただけることに少し感謝してやってみて、ダメだったらそのとき考えてもいいんじゃないかなと！

あとはもう1つ、わたしもつい言ってしまいがちな、「わたしなんかができるかな……」という考え。やったことがない仕事、自分が手に負えないかもしれないと思っている仕事が来たときに、わたしなんかがやっていいのかなとか、わたしなんかができるのかなって思う瞬間があります。このご相談者のメッセージの後ろに透けて見える、「わたしなんかが……」というその気持ち。

わたしも官公庁での大きな講演、テレビの生放送、大企業の企業研修などなど……幾度となく不安になり、その言葉を言ってきました。あるときそのセリフをわたしがぼそっと言うと、夫から、

「わたしなんかが、っていうのは依頼してくれたお相手に失礼なことやで」

と……。頭をガーーーンと殴られたような衝撃。自分に自信がなく、また謙遜の気持ちで軽く話したその言葉は、まさに夫の言うとおり、お相手に失礼な言葉でした。お相手は、わたしにできると評価して仕事の依頼をくださっている。わたしなんかが、と言い続けることは、お相手に、あなたには見る目がありませんよ、と言っているようなものです！

なんと恥ずかしい……。

任された仕事を、はなからできないと決めつけないで一度やってみる。わたし自身も、「わたしなんかが……」と思っていた仕事のその後はというと、大手の企業研修の仕事も、やってみると、新しい世界がバンと開いた感じがし、その企業の方から評価をいただき、もっとビジネス寄りの研修をしたほうがいい！　等、いろんなアドバイスをいただきました。自分が思ってもみなかった世界が広がっていったように思います。

ちなみに後日……、そのご相談者が、遠方からわざわざ会いにきてくださったんです。ピッカピカの笑顔で！　なんとわたしのラジオ放送を聞き、気持ちを入れ替えて新しい仕事にトライしてみたら、今とても楽しく仕事ができている、だからお礼を伝えにきました、と！　扉を開けて入ってきてくださったその姿は、子どもさんにも親御さんにもとても好かれそうな、安心して子どもを任せられる「幼稚園主任」のお顔でした。

今までと違う場所を与えてもらうと、自分のやるべきことが明確になってくる。長い人生のなかで、ときには与えられた喜びを感じ、わたしなんかがと言わず、一度トライしてみて、そこから考えてみるのもよいかもしれません。

35

Brightening your life

憧れのあの人を深掘りすると見えてくる、自分が将来なりたい姿

「憧れ」とはどういう感情なのでしょう？　20代、30代は育児に仕事にと、がむしゃらに走ってきて、気づけばもうすぐ40歳を迎えるころ、はじめて「憧れ」のような感情を持つようになりました。あんな人になりたいな、こんなふうに歳《とし》を重ねたいな、なんて。

わたしも、嫉妬や、うらやましいなという感情を抱くことはもちろんあります。自分がやりたいこと、頑張りたいこと、それができていなくてもどかしいときに、どなたかがそれを実現しているとき。あの人と比べて自分が足りてないなと思うときに、悔しい、うら

やましいなという感情が湧くんだと思うんです。

でも、圧倒的に自分には届かないものを持っている人に出会ったときに抱く気持ち、それを「憧れ」と呼ぶのかもしれません。わ！　すてき！　ここに到達するのは今の自分には無理だな〜。羨ましいというよりも、素晴らしいな、かっこいい！　そんな気持ちです。そういう方にお会いすると、心の針がぐい〜〜んと動き、どうして自分がそう感じたのかを深掘りするようにしています。

わたしが憧れている女性は、岡山にお住まいの写真家、中川正子《なかがわまさこ》さん。出会いは約3年前。コロナ禍で開催された6名ほどのオンラインお茶会。画面から溢れ出る、正子さんのみなぎるパワーと、とんでもなくハイスピードな頭の回転、お話の面白さ、その日からずっと、リアルで会ってお話ししてみたいな、と思っていました。

人生は旅、をテーマに活動されている正子さんが撮る写真は、ほんとうに見る人の心をつかむ、いや、こんな上滑りな言葉で説明するのは失礼なので、みなさん検索してみてください〜！

ずっとお会いしたかったけれど、コロナ禍で気軽に会いにも行けず、ＳＮＳのメッセージでやり取りをしたり、わたしの本ができたら送らせていただいたり、そんなふうに気づけば2年の月日が流れていました。

そして２０２２年に入り、わたしたちがＦＵＪＩＦＩＬＭと共同でつくっている写真整理サイト「かぞくのきろく」のお仕事をからめて、岡山県の正子さんに会いにいくことに！

新幹線の中でそわそわ、約束の時間より随分早めに到着、ご近所をぐるぐるしてそわそわ、さあ、待ちに待った憧れの正子さんとお会いできるタイミングです。

「ぱあああああ〜〜〜〜〜!!」

正子さんがご自宅の玄関扉を開けてくれたとき、見えたのは、眩《まぶ》しい光のオーラ（嘘じゃなくて本当に！）。

そこから2時間にわたる取材はもちろん、お食事にも行き、夜23時までノンストップ、お互いにメディアに出るものとしての仕事の話、同年代の子どもを育てる母としての話、夫婦のこと……、ありとあらゆる話をしました。
「えみちゃん、明日時間ある？」と、翌朝には、正子さんお気に入りの山に登り、岩の上に寝て、空を見上げ、鳥のさえずりを聞き、スマホをちょっと横に置いて、自分の心の声を聞くというような時間を持たせてもらいました。まるで感情のデトックスのような時間でした。

帰ってから、わたしは具体的に正子さんのどの部分に憧れているのかな？　と、3つマイノートに書き出してみました。

1つ目は、言葉に奥行きや深さがあり、ボキャブラリーが豊富ということ。正子さんは自分の言葉を持っていて、自分の気持ちを表現することがすごくお上手。
それは日々たくさんの本を読んでらっしゃって、それが自分の中に蓄積されているんだなとも思い、最近本を全然読めていないわたしは、その時間の使い方も真似したいな！

と感じました。

2つ目は、かっこよさ、賢さだけではなくて、愛嬌《あいきょう》をお持ちのところ。正子さんはわたしよりすこし年上、そんな方に愛嬌があるなんてとっても失礼な話なんですが、そう言わざるを得ないぐらい、もうほんと可愛い部分を持っていらっしゃるんです。横にいるご主人のことを大きな声でベタぼめして、もう顔が少女！　きっとご主人のこと大好きなんだな～っていうのが伝わってくるような可愛さ！　ピュアな気持ちが写真や文章にも現れているなと感じます。

そして3つ目は、年下であるわたしやほかの皆さんと話すときに、「わざわざ降りてくる」のではなく、素直にフラットだということ。年下のわたしたちに対しても「それでそれで？」ってどんどん聞いてくださるんです。年上だから「わたしが教えてあげるね」ではなく、シンプルにフラットに、「わたしが聞きたいから聞くよ！」という姿勢にすごく素直さを感じました。歳を重ねていくごとに、つい上から話をしちゃいそうになることがあるけれど、素直さ、フラットになる、は忘れたくないなと強く思いました。

こんなふうに、憧れの人を深掘りして見えてくるのは、自分が将来なりたい姿。今すぐにはそうなれなくても、言葉に残しておくと、きっと先の自分に役立つはず。とにかく感情が動いたときにすぐ！　が大事。

皆さんも、周りにいる憧れの人のちょっと深掘り、してみませんか？

36

Brightening your life

感動した提案力！出産祝いを頼んだら

自分の苦手とするところの1つが、「お祝いやお土産を選ぶこと」。

昔からの友人にそれが得意な子がいて、毎回わたしの気持ちや、使うシーンを思い浮かべ、とても気のきいたプレゼントを贈ってくれるんです。

わたしが結婚してすぐ、仕事を忙しくしていたときに家に遊びに来てくれた週末は、「平日のごはんつくるのラクになるよ〜」とちょっとおしゃれな瓶に入った、混ぜるだけでなんでも美味しくなるソースをいくつか。

双子を産んでバタバタしていたときには、道の駅で買ったという新鮮なお花。気持ちが殺伐《さつばつ》としていたときに目に入る明るいお花はとっても気持ちがあったかくなって、わたしを想像して選んでくれたんだと思うと、とてもうれしい気持ちになりました。

いずれも、わたしに気を使わせないような価格（高価すぎるとお返し何にしようかとドキドキしちゃう……）やタイミングで、毎回感動するし、心から尊敬しているんです。真似をしたいけれど、なかなかうまくはいかない。わたしが40代でちょっとがんばりたいな～と思っていることの1つ。

さて、そう思っていたはずなのに、先日出産したばかりの後輩に会う日の直前、仕事がバタバタしていて（言い訳）、まだお祝いの品を選べていませんでした……。いつもは、OURHOMEがオリジナルでつくっている品物を、自分なりに相手のことを想像していくつか選び、「あれとこれをこんなふうに包んでくれるかな？　お願い～！」と会社のスタッフに頼みます。それさえも頭が働かない……。

「そうか、自分が苦手なことは誰かにお願いすればいいのでは⁉」

得意で好きなことを生かすほうが絶対うまくいく、苦手なことはお任せするほうがうまくいく、そうずっと言ってきたはずなのに自分のことになるとすっかり……（苦笑）。ゼロから自分で考えて選ぶことがプレゼントの意味でしょ！　と思い意気込むものの、前日になって用意ができていないなんて本末転倒……大反省です。

そこでOURHOMEのショップスタッフに、

「直前で本当にごめん！　わたしをお客さんだと思って提案してもらってもいい？

・40歳で第2子を出産したばかり
・荷物にならない、かさばらないものがいい（彼女も電車で来てくれるし、わたしも出張の荷物があるので）

という2つのポイントをLINEで伝えました。すると5分後に、

『お子さんがお2人目ということで、ママご自身を労《いた》わるという意味でこの3つのパターンを提案します！　1番から順に、価格が上がっていくイメージです。

①時短オールインワンジェル＋メイクポーチ（乳児グッズを入れるのにも使える）

②あったかマルチピロー＋アームウォーマー

③オーガニックコットンのストール（おくるみにもなる）＋アームウォーマー

このセットに、もしママがカフェインを気にされないようなら、nishinomiya コーヒーをプラスでいかがでしょうか？』

す…ごい…！！！！！　わたしが考えるよりよっぽど早いし素晴らしい提案！

わたしが出した、2つのポイント、40歳で2人目出産、かさばらない大きさ、を押さえてくれているだけでなく、3つものパターンを提案してくれています。

お客様側の気持ちとしては、１個だけ提案されると、ショップスタッフさんに委《ゆだ》ねて聞いたのに、なんかもっと他にありませんか？　と聞きたくなっちゃうのが、人間のサガだと思うんです。きっとそれを想像して、パターンを３つ用意し、しかも価格が順に上がります、と最初に教えてくれていることによっての安心感。そうすると、選ぶ側も選びやすくなりますよね。手前味噌《てまえみそ》ですが素晴らしい提案力！

結局わたしはその３つの提案のなかから、②番目のあったかマルチピローと、アームウォーマーをギフトセットにして持っていくことにしました。東京のカフェで数年ぶりに再会した前の会社の後輩は、すっかり2人のお母さん。なんと足首にはレッグウォーマーが！　どうやら手首足首は冷やしたくない、としているようで、贈ったお祝いがぴったりではありませんか！　喜んでもらえてとてもうれしかった。

それまで自分でやるのが大事だと思っていたことも、誰かを信頼して任せることでうまくいく、というのを身をもって体験しました。

ちなみに任せるときに大事なのは、ふんわりお願いするのではなくて、ポイントを絞って相手に伝えること。また、３つの具体的提案をし、「最後は相手に選んでもらって、気持ちよくフィニッシュ！」というところもすごい！

とても気持ちのいいキャッチボールの流れで、思い出してもまた心地よい気持ちになれる、そんな体験でした。

37

Brightening your life

思い込みの枠を、はずす

近所にわたしの飲み友だちが引っ越してきました。しかも、新婚ほやほやのカップル！　しあわせなふたりにお祝いを告《つ》げるため、新居にお邪魔した帰り道、真っ暗な夜道を歩きながら、じんわりと涙が出てきたものです。いや〜本当にこんなにうれしい気持ちにさせてくれてありがとう〜！　って。

友だちからは「引っ越したらアドバイスしてよ〜」と、わたしが整理収納アドバイザーということもあって、家が決まる相当前から言われていたのでした。まんざらでもないわたしは、新居の間取り図を手にしてしまった瞬間、頭のなかは、ぐるぐるぐるぐる、あれをこうして、ここに置いて……、ひらめいた〜と！

いやいや、ダメダメ、ここはわたしたち夫婦が住む家ではありません（笑）。

引っ越し2日目、まだダンボールが残っている新居をはじめて訪れました。ふたり暮らしにしては広い平米数で、キッチンも洗面所もピカピカなきれいなおうちです。ＬＤＫは12畳あるのに、あれ？　とってもせまく感じます……。それは、Ｌ字の大きなソファーが、リビングとダイニングの間にで〜〜〜んと陣取っているせいでした。

「絶対ソファーの位置を変えたほうがいい気がする……」

うーむ、伝えるか伝えまいか……。

友だちがその大きなソファーをリビングとダイニングの間に置いた理由は2つ、壁面にアクセントクロスが貼ってあり、とてもすてきだからテレビを置いたほうが映えるかな？と、テレビ線もちょうどそこにあり、考えずに置いた。また、ソファーと反対側にはダイニングテーブルを購入予定とのこと。

友だちとその旦那さんをチラチラ見つつ、わたしに求められているのは「えみ、なんとか暮らしやすくして！」ということ。余計なおせっかいの線引きには気をつけながら、やっぱりきちんと伝えることにしました。

伝えたのは、

・部屋の形状からして、大きなL字のソファーは間仕切りではなく、壁につけたほうが部屋が広く見える！

・ダイニングテーブルを買おうとしているけれど、ふたりの生活スタイルでは今すぐには買わずにソファー中心のローテーブル生活のほうが、部屋を広くゆったりと使える！

「なーるほど！　考えもしなかった‼」

とふたりは賛同してくれ、ものの3分でソファーの位置を変更することに。すると、一気に部屋が広く感じ、キッチンに立ちながらソファーに座る人と会話ができることもすごく気に入ってくれました。

【思い込みの枠をはずす】

ソファーの位置はここ、テレビは壁面につけるもんでしょ、パントリーと書いてあるから食品を入れないと、ワークスペースと書いてあればそこは仕事場。

本当にそうなのかな？　自分たちの暮らしに合わせていかようにでも変化させることができるはず。廊下のパントリーを子ども服収納にしてもいいし、ワークスペースをゴミステーションにしてもいい。間取り図に書いてあることを鵜呑《うの》みにしないで、一度自分たちの頭で考えてみる、ってすごく楽しい！　それは夫婦をつくっていく、家族をつくっていく、ということにもつながると思うんです。

思い込みの枠をはずして、ああしたらもっとよくなるかな？　ここをこう使ってみるか、変だったらまた元に戻そう。なんて、会話しながら、ふたりのオリジナルな暮らしをつくっていってほしいな。

しあわせそうなふたりを見ながら、そんなことを思った冬の夜道でした。

38

Brightening
your life

今のままずっと安定、から、ちょっとだけ挑戦に飛び出してみる

ちょうど40歳になったとき、ふと目をつむって横を見てみたら、新しいチームに飛び込み、社会活動として子どもたちにサッカー指導をはじめようとしている夫、ほぼ毎日往復2時間かけて練習に向かい、サッカーを自分の人生の軸として生きていくと決めた息子、体を動かすのが好きなタイプではなかったのに部活動をはじめキラキラ輝く娘、がそこにはいました。

あれ？　わたしって今、どこにいる？　自分を俯瞰して上から見てみると、そのころのわたしは、ある程度仕事もこなせるようになって、会社組織も安定してきた、試行錯誤の

末、家事と育児との両立のバランスもとれてきた。安心安全、とても心地のいい場所にいる気がしていました。

そんなときふと思い出したのが、「安心領域」と「学習領域」の話。毎日欠かさず学級通信を発行してくれる熱心な息子の担任の先生から教えてもらった言葉です。たとえば、いつも仲がいい子とばかり遊ぶとか、いつもできそうなことばかりするとか、好きなものだけ食べるとか、自分にとって安心安全とわかるところで過ごしたいっていうのは、人間の本能。でも自分の成長のためには、もうちょっとその安心領域を広げていこうという話をしてくれたそうなんです。

心理学の考え方で、自分が真ん中にいて、周りを「安心領域」、その外側に「学習領域」、そしてもう1つ外側に「未知の領域」があるそうです。安心安全な環境は、何も考えずにできることばっかりで楽なんだけれど、楽しくはない状態で、また成長もないそうなんですね。人間は学習領域というところにいると、知識や経験もどんどんどんどん広がっていって、自分自身にとっても、また周りにとってもいい影響があるよと。

ああ、夫も子どもたちも今、学習領域にいる。安心安全なところからちょっとだけ飛び出して、いま学んでいる最中なんだと。思えばわたしは30歳で独立し、学習領域にいつづけた期間は長かったと思います。でも時が経ち、いつのまにかそれが安心領域の拡大につながり、気づけば、ここ最近あらたな学習はしていなかったのだなと。ラクで心地いい〜、だけだったのかもしれません。

そこで40歳と1ヶ月でスタートさせたのが、音声配信ラジオVoicyの放送。はじめる数日前までその存在さえも知らなかったのに、気づけば平日ほぼ毎日配信するように。自分の声がずっとコンプレックスだったわたしにとって、ちょっとだけ挑戦。さらに毎日配信となると内容も同じものが続くのは、自分もそうですがリスナーさんにも飽きさせてしまうので、今までお話ししてこなかったような、心の内側、それから会社経営についてなど、内容もどんどん挑戦しています。

学習領域にちょっとだけ飛び出してみて感じるのは、何より楽しい！！！　人間、新しい学びは自分を成長させてくれる。わかってはいたけれど、こんなに楽しいものだったんだと感じています。

そして大切なのは「今」自分がどの領域にいるのかということを自覚することなんだと気づきました。体もこころも疲れて、安心領域にいて休むのもまた1つ大事なこと。でもずっとそこにいるのではなくて、学んでみること。また3つ目の未知の領域に行きすぎてパニックになりそうなら、安心領域にまた戻ってくること。

とにかく、今の自分はどこにいるのか、長い人生のなかで、すこし俯瞰して見つづけよう、と思います。

39

Brightening your life

せっかく歩くなら、「好きな道」を進む

自宅の最寄り駅を降りて、家まで帰る道は、１つではなくて、３つほどルートがあります。

人がたくさん歩いていて、とくに好きな要素はないけれど、とにかく最短ルートな道。

それから遠回りだけれど黒ネコちゃんに会える道、梅雨の時期は紫陽花《あじさい》がとってもきれいに咲く道、春は桜並木があるほうへ。

改札をピッと通る瞬間に、

「今日はどの道を通る？」

その日の気持ちを自分に聞いて、本当に行きたい道を選ぶ、を心がけています。

気持ちにも時間にも余裕がないときは顕著で、すてきな花壇の花たちや、銀杏《いちょう》の落ち葉に目もくれず、とにかく急いで走ってせかせかして最短ルートを進む。まあこういう日もあって当然。黒ネコちゃんに会うために、ちょっとキョロキョロと探しながら歩いて、出会えた日は遠くから話しかけたりする日はわたしに余裕があってごきげんな日。駅を降りて、その日の自分をちょっと客観的に観察しながら帰るのが結構好きなんです。

毎日何気なく通る帰り道、いや、帰り道だけではなくって、たとえば、会社近くのコンビニからの帰り道も、その日の気分によって「本当に行きたい道を選ぶ」ようにしています。建設中のビル見ていこうかな～とか、車が少ない道を選びたいな、とか、本当にその日の気分で。はたまた、自転車で移動する時は、信号に引っかからない道を選びたい日もあれば、段差がなくてスムーズに走れる道の日もある。

この話をふと友人にすると、

「え！　わざわざ考えたことないよ〜。普通はだいたい同じ道を通って帰るんじゃない？」と。

どうやらわたしは、面倒くさい性分のようです（苦笑）。

こんなふうに何気ない日常の気づきを誰かに話すと、自分と他人の違いを知り、それは自分の〝らしさ〟に気づける瞬間でもあります。

わたしはできるだけその日の自分の気持ちに正直で、それに気づけるようなセンサーを持ち続けたい。

ときに敏感に気づきすぎてしんどくなることもありつつ、でも、小さなことに敏感に気づけるわたしだからこそ、今があるのだなあと感じます。

帰り道もいろんな道が、そして人生もいろ〜んな道があるけれど、ちょっとでも明るいほうの道を進みたい。

その明るさに、気づける自分であり続けたいな、と思います。

あとがき

平日毎朝7時から9時まで机に座り、自分と向き合って原稿を書く。スラスラと書ける日もあれば、気持ちが焦り空回りして、まったく何も書けない日もありました。

39本の原稿が、「終わった〜〜！　ようやく書けた〜〜!!」

そんな脱稿した日の翌日は、ひさしぶりの平日休み。朝から免許更新に行き、珍しくひとりでゆっくりランチをする予定にしていました。

その道すがら……わたしと同じ年の方の訃報を知りました。小さなお子さん2人を残して病気で旅立たれたとのこと。わたしのことを10年も前からずっと応援してくださり、ご縁がありお仕事につながったとてもすてきな女性でした。

その日から1週間、気持ちがズンと落ち込み、体がだるく鉛のように重く力が入りません。

週明け、ようやく気持ちを立て直そう、頑張ろう。そう思った日に出版社から受け取ったのが、1週間前に書き上げた原稿が印刷された紙の束《たば》でした。

ページをめくり読み進めた自分の原稿は、落ち込んでいたわたしに驚くほど力をくれました。元はといえば、前に進むために背中を押して欲しい人や、暮らしにモヤモヤを感じているどなたかに響けばうれしい、そう思って一生懸命書いた本です。それが一周回って、不思議なことに自分に響いてきたんです。

そうか、わたしは、わたしのために書いていたのかもしれないな。

できれば気持ちを、明るいほうへ。

ずっと前向きでい続けたい！　そんな強い気持ちではなく、同じ事柄があれば、できれば明るいほうを見ていたいな、そんな気持ちです。

どなたかの心に響けばこんなにうれしいことはありません。

いつも応援してくださるVoicyのリスナーさん、インスタやブログの読者のみなさま、本当にありがとうございます。

本を出すそのパワーが1年間なかなか湧いてこない……そんなわたしのお尻をひっぱたき、粘り強くお誘いしてくださった大和書房の編集、小宮さん。小宮さんがいなかったら、この本はきっと世にでることはなかったと思います。本当にありがとうございます。

最後に、朝時間早くから原稿書くことを快く応援してくれた家族へ、感謝をこめて。

2023年3月　OURHOME　Emi

暮《く》らす働《はたら》く、もっと明《あか》るいほうへ。

気《き》持《も》ちを切《き》り替《か》えるヒント39

2023年3月20日　第1刷発行

著　者　Emi《えみ》
発行者　佐藤　靖
発行所　大和書房《だいわしょぼう》
東京都文京区関口1-33-4
電話03-3203-4511
装　丁　川村哲司(atmosphere ltd.)
イラスト　西田磨由
写　真　著者
校　正　横坂裕子
本文印刷　萩原印刷
カバー印刷　歩プロセス
製　本　ナショナル製本

ISBN978-4-479-78580-4

http://www.daiwashobo.co.jp

Emi（えみ）

暮らしとオリジナルウェアの店「OURHOME」主宰。26名のスタッフと共に兵庫県西宮で運営。雑誌『LEE』（集英社）連載、企業との共同開発、レッスン開催など多方面で活躍。これまでに著書19冊、累計56万部。2022年より音声メディアVoicyで「OURHOME 暮らす働く“ちょうどいい”ラジオ」をスタート。暮らしや子育て、働きかたの悩みなど、リスナーに寄り添うラジオが人気を呼び、フォロワー2.2万人。
著書に『揺れ動く今 みつけたい わたしの真ん中』『続けるほど、毎日が面白くなる。もっともっとマイノート』（以上大和書房）。2009年生まれの双子の母。

HP&オンラインショップ
ourhome305.com

インスタグラム
@emi.ourhome
@ourhome305

Voicy
暮らす働く
“ちょうどいい”ラジオ